SCHMIDT
sportsworld

Volker Mehl
Christina Raftery

Koch dich glücklich mit Ayurveda

Volker Mehl
Christina Raftery

Koch dich glücklich mit Ayurveda

KAILASH

Inhalt

Vorwort

Wer mich nach einer Lebensweisheit fragt, dem antworte ich: Nimm dir die Zeit zum Kochen. Das ist die Quelle des Glücks. Für mich persönlich ist der Herd das Instrument, an dem ich meine Kunst zelebriere.
Ich glaube fest daran, dass uns die Zubereitung von Nahrung glückselig machen kann. Und wenn wir andere an dem eigenen Glück teilhaben lassen, steigt unser Glückspegel umso mehr.
Allen Lesern dieses Buches wünsche ich ein ebensolches Erlebnis. Volker Mehl ist ein begabter Koch, der mit viel Begeisterung an seine Sache herangeht. Unser Beruf braucht Menschen, die offen und wissbegierig neue Wege gehen.
Die ayurvedische Küche bietet neben ihren vielseitigen Currys und schönen Früchten vor allem die Möglichkeit, sich ganzheitlich und bewusst mit Essen und Kochen auseinanderzusetzen. Diese Kunst sehe ich in Volkers Händen gut aufgehoben. Er ist einer, der mit Leib und Seele kocht. Und alles, was man mit Liebe tut, führt letztlich zum Erfolg.
Bleiben Sie neugierig, und vertrauen Sie auf Ihren Hunger: Die besten Köche sind nämlich die hungrigen Köche.

Ihr

Harald Wohlfahrt

Gruß aus der Küche

Ayurveda ist überall. »Wellness«-Badezusätze, Schnellmassagen und Teemischungen tragen heute gerne den Beinamen »Ayurveda« und sind auch abseits der einschlägigen Öko- und Weihnachtsmärkte erhältlich.

Dennoch wird Ayurveda, das »Wissen vom Leben«, vielerorts als asiatische Geheimlehre vermittelt, für die man sein bisheriges, natürlich viel zu »ungesund« verbrachtes Leben, zumindest aber das häusliche Gewürzregal, komplett umkrempeln muss. In Ratgebern und Workshops wird uns suggeriert, dass wir auf dem falschen Weg sind und uns nur Gurus aus dem fernen Indien auf den rechten Pfad zurückführen können.

Wir, die Autoren, sehen Ayurveda als einen praktischen Leitfaden, der in allen Lebenslagen und jederzeit einsetzbar ist. Diese Lehre kommt ohne feste Kategorien aus: Deshalb werden wir Sie auf den folgenden Seiten mit Tabellen zur Typbestimmung (wie in gängigen Ayurveda-Büchern üblich) verschonen – unser Alltagsdenken ist bereits ausreichend von Schubladen und Mustern bestimmt, in die wir uns und unser Umfeld einordnen. Stattdessen zeigen wir, was Ayurveda im Alltag konkret bedeuten kann. Für uns bietet Ayurveda vor allem die Möglichkeit, die Vielfalt des Lebens tief und intensiv zu erfahren. Dem Streben nach Optimierung wollen wir ein genussreiches Plädoyer für Achtsamkeit und Sinn für das Schöne entgegensetzen, das nicht nur die Gesundheit des Einzelnen, sondern der ganzen Welt mit all ihren Bewohnern mit einbezieht. Im Yoga, einem festen Bestandteil des Ayurveda, spricht man von »Ahimsa«, einer Haltung der Gewaltlosigkeit. In diesem Sinne sind unsere Rezepte vegetarisch, mit Vorschlägen für vegane Varianten.

Wie Yoga ist Ayurveda von der Nischen-Lehre zum unverzichtbaren Begleiter zumindest einer bestimmten Gesellschaftsgruppe geworden. Ebenso gibt es inzwischen eine

»Streng genommen hat nur eine Sorte Bücher das Glück unserer Erde vermehrt: die Kochbücher.«

Joseph Conrad

Vielzahl kritischer Stimmen. Einzelpersonen und Institutionen werden der Scharlatanerie beschuldigt, Fragen nach Authentizität und dem »echten« Ayurveda werden laut.

Wir wollen niemanden entlarven und auch niemandem selbstsüchtiges Gewinnstreben unterstellen. Konsum- und Kulturkritik in dieser Richtung kann an anderer Stelle geäußert werden. Uns geht es vielmehr darum, Ayurveda als ein ganzheitliches System vorzustellen, das uns in unserer Eigenverantwortung bestärkt. Wirkung statt Warnung! Die Aufnahme spiritueller Systeme aus anderen kulturellen Zusammenhängen in den Mainstream empfinden wir als positiv, als einen im wörtlichen Sinn wichtigen Strom im Leben vieler Menschen. Was früher Nischengruppen vorbehalten war, die sich teilweise bewusst abgrenzten, ist jetzt allgemein präsent. Die Yoga-Höhle war gestern, »Reinfinden statt Rausnehmen« lautet heute die Devise. West und Ost, Tradition und Moderne verbinden sich: Bei uns gibt es ayurvedische Pizza, Sandwiches, Frankfurter Grüne Soße und bayerische Bratkartoffeln. Im Benediktinerinnen-Kloster auf der bayerischen Fraueninsel kocht Volker Seite an Seite mit Ayurveda-Koch Nicky Sitaram Sabnis aus Goa.
Das Gute liegt so nah, sagt das Sprichwort. Nämlich direkt in uns. Ähnlich wie wir durch Yoga nicht nur lernen, auf dem Kopf zu stehen, sondern vor allem auf unseren eigenen Beinen, entführt uns Ayurveda nicht in exotische Welten, sondern führt uns näher zu uns selbst.

Entwickeln Sie Ihr eigenes Gefühl für Ayurveda! Und kochen Sie sich glücklich.

Alles Vata, oder was?

Mythos Ayurveda

Wie Yoga ist Ayurveda aus einem Nischendasein erwacht und hat sich zum Lifestyle und Synonym für eine moderne, erfüllende Lebenseinstellung entwickelt. Gleichzeitig schwingt aber auch heute noch ein Hauch von Mystik oder Exotik mit, wenn von der »indischen Lehre vom Leben« die Rede ist. Mit einigen Mythen soll hier zwar nicht »aufgeräumt« werden. Dennoch will ich sie in mein ganz persönliches System einordnen und damit etwas zugänglicher gestalten.

»Ayurveda« bedeutet »Wissen« oder »Wissenschaft« vom Leben

Diese Übersetzung ist in westlichem Sinn leicht missverständlich. Mit »Wissenschaft« ist hier nicht spezialisierte oder privilegierte Forschung gemeint, sondern eher angeborenes Wissen mit universeller Gültigkeit. »Leben« heißt, das Potential einer individuellen Lebensspanne mit allen Altersphasen auszuschöpfen – und Ayurveda ist nicht als Maßnahme zur Lebensverlängerung beziehungsweise als Rezept für ewige Jugend zu verstehen.

Ayurveda kommt aus Indien

Geografisch und historisch mag das korrekt sein, allerdings ging von Indien nie eine ayurvedische Mission aus. Ein von Menschen geschaffenes System entsteht nicht im luftleeren Raum. Es ist immer Produkt gesellschaftlicher, sozialer, ideeller und religiöser Gegebenheiten. So ist es auch mit dem ursprünglichen Ayurveda.
Aus heutiger Sicht ist jedoch klar: Ayurveda funktioniert überall, ganz gleich, in welchem Teil der Welt man lebt. Im Selbstverständnis des Ayurveda liegt ein tiefes Verständnis der Zusammenhänge des Lebens, das jeder von Geburt an in sich trägt.
Ebenso wie jeder von uns mit Augen, Nase und Mund geboren wird, werden wir mit dem Verständnis im Sinne des Ayurveda geboren. Das eine ist nur die rein äußerliche, materielle Form. Das Wissen ist die sensiblere, feinstoffliche Form.

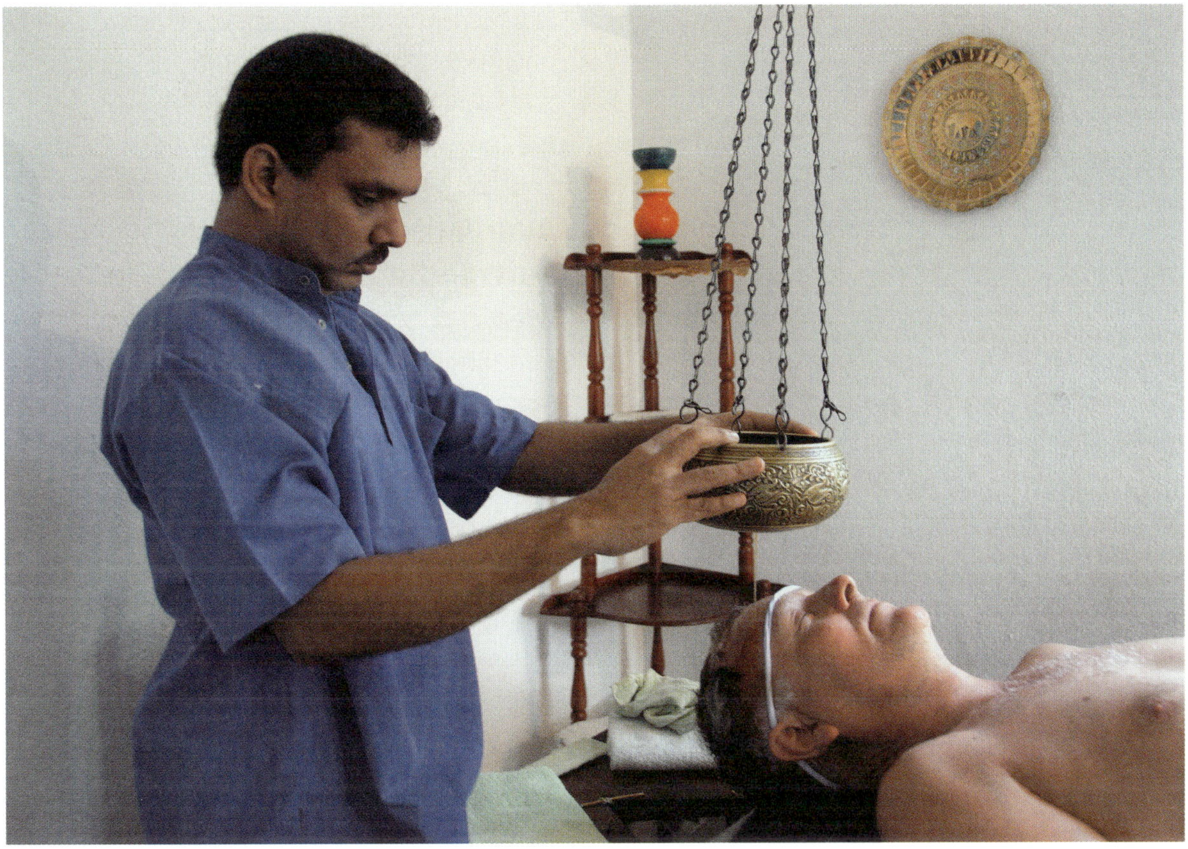

Alle Inder kennen und praktizieren Ayurveda

Ebenso könnte ich sagen: »Alle Deutschen laufen maßkrugschwingend in Lederhosen durch die Gegend.« Oder: »Alle Holländer sind Tulpenzüchter.«

Im modernen Indien lief die westliche Medizin der landesüblichen traditionellen Medizin lange den Rang ab, bis Ayurveda in jüngster Zeit – so wie die natürlichen Heilmittel im Westen – eine Art von Renaissance erfahren hat. Vieles ist gutem Marketing zu verdanken: Denn auch in Indien hat man natürlich erkannt, dass der Tourist aus dem Westen es toll findet, in räucherstäbchengeschwängerter Luft, umrahmt von netter Musik, am Strand massiert zu werden.

Das führt mich zum nächsten Märchen.

Eine Ayurveda-Kur ist eine Wellness-Maßnahme

Eine traditionelle Ayurveda-Kur ist von der bei uns hauptsächlich praktizierten Sauna-Fallenlassen-Smoothie-Wellness so weit weg wie die Erde von der Venus.

Ayurveda ist in erster Linie eine Präventionslehre. Das Hauptbemühen des Ayurveda liegt darin, dass Körper und Geist im Gleichgewicht bleiben und gar nicht erst krank werden. Sollte der Körper aber dann doch einer Behandlung bedürfen, sind gegebenenfalls massive Gegenmaßnahmen einzuleiten, um die Krankheit aus dem Körper zu eliminieren. Diese Anwendungen, Kräuterdrinks und Diäten haben wenig mit westlichen Wellnessprospekten zu tun, die den ungeschützten Begriff des Ayurveda verwen-

den und mit Stirnölgüssen und deftigem Bio-Bauernbuffet werben. Dass vierhändige Synchron-Massagen und Yoga am Strand von Sri Lanka trotzdem guttun, will ich hier allerdings auch nicht ganz verleugnen. Und nie wieder werden Sie Menschen treffen, die sich so intensiv und unverblümt für Ihre Verdauung interessieren wie die dortigen Ayurveda-Ärzte ...

Ohne Curry und Kreuzkümmel kann man nicht ayurvedisch kochen

Gegenthese: »Ohne Fleisch kann man nicht leben.« Wenn ich Kreuzkümmel über rohes Schweinehack streue, verwende ich zwar ein typisches ayurvedisches Gewürz, bewege mich aber nicht wirklich im ayurvedischen Kontext.
Auf der anderen Seite können Omas Alltags-Bratkartoffeln oder eine Schokoladencreme ganz im Sinne des Ayurveda sein. Denn die Intention und das Bewusstsein für das, was und wie ich etwas tue, ist genauso wichtig wie die Handlung selbst. Man könnte es bewusste Ziellosigkeit nennen. Nicht das Ziel, sondern ausschließlich meine Intention bestimmt die Handlung.

Ayurvedische Küche ist aufwendig

Wie viel Aufwand verdienen Achtsamkeit und Hingabe an eine elementare Sache? Sollen wir überhaupt nach dem Aufwand fragen? Beim Zubereiten unserer Nahrung geht es vor allem um Selbstachtung.
Was mich an Ayurveda fasziniert, ist die veränderte Wahrnehmung der Wertigkeit von Nahrung. Nahrung wird hier nicht für das Motto »schöner, schlanker, besser« instrumentalisiert, sondern als Geschenk gesehen, das dazu da ist, um Körper und Geist gesund zu erhalten.

Der Kernaufwand für die ayurvedische Küche besteht aus folgenden Arbeitsschritten:

- man räume die Küche auf und entzünde eine Kerze zum Thema »schöne Atmosphäre«,
- man sammle kurz seine Sinne, lege beide Hände für zwei Minuten auf den Bauchnabel und konzentriere sich auf eine bewusste Atmung,
- man sorge für eine sich wiederholende Tätigkeit. Ich empfehle, man nehme je fünf Karotten und Kartoffeln und wasche und schäle diese für eine leckere Suppe,
- im Anschluss vermeide man jedes sinnlose Gerede und erfreue sich an der geschenkten Ruhe beim Genuss des Mahles.

Insel der Seligen

Tradition trifft Moderne

Vier Wochen Kochen für die Jivamukti-Yogalehrer-Ausbildung auf der Fraueninsel im bayerischen Chiemgau. In der Kurzfassung lautet das Fazit: 60 Yogis, fünf Köche, 75 Kuchen, 80 Kilo Reis, 100 Kilo Nudeln, 600 Liter Sojamilch, 1000 Kilo Obst und Gemüse sowie unzählige »Oms« und strahlende Gesichter. Dazu noch die Begegnung mit Nicky Sitaram Sabnis, einem Ayurveda-Experten aus Goa, der seit 1998 die Seminarküche der Benediktinerinnen-Abtei Frauenwörth auf der Chiemsee-Insel leitet. Gemäß einer hinduistischen Kernauffassung, dass alles in buntem, vermeintlichem Chaos nebeneinander existiere, aber durch das Gesetz des Dharma zusammengehalten werde, ergab sich mit Nicky ein interessanter Dialog über Ayurveda zwischen Ursprung und westlicher Adaption. Wie alles andere entstehen auch Heilmethoden nicht im luftleeren Raum, sondern entspringen gesellschaftlichen, sozialen, ideellen und religiösen Gegebenheiten. Dabei entstehen durchaus bemerkenswerte kulturelle Crossovers. Das zeigt beispielsweise auch die Ähnlichkeit der Erkenntnisse der Hildegard von Bingen oder des Paracelsus mit traditionellem ayurvedischen Wissen, mit dem Menschenbild ebenso wie mit der Kräuterkunde des Ayurveda.

Vordergründig sind Nicky und ich grundverschieden: Er stammt aus Indien, ich aus Hessen. In seinem Gewürzregal finden sich Geheimpulver namens »Shanka Pushpi«, »Arjuna«, »Skullcap« und »Mahasudarshan«. Auch was in seinen Töpfen brodelt, duftet und schmeckt nach – Indien. Ich wiederum greife für meine Gerichte auch schon einmal zum Multivitaminsaft, zu weißer Schokolade und der hessischen Kräutermischung für Grüne Sauce. Dennoch sind wir beide ein Beispiel für gelungene Integration,

Brückenbildung und die legitime Adaption einer uralten Lehre aus Asien in den europäischen Kontext. In Nickys und meinen Kursen geht es um Zugänglichkeit, Reduzierung und den Wunsch, dass die Nahrung die Seele berührt. In Nickys Tischgebet treffen sich das Gayatri Mantra, der christliche Dank für das tägliche Brot und die Kinderformel »Piep piep piep«. »Kochen ist Gottesdienst«, sagt Nicky, der dabei wenig spricht, sondern eher tanzt und singt. Und: »Sich das Leben einfach zu machen ist kompliziert. Es kompliziert zu machen ist einfach.« Feste Regeln erhalten die Kursteilnehmer bei keinem von uns. Eher umfassende Inspiration.
Über allem wachte die aus Schottland stammende Gastschwester Scholastika. Für sie bin ich aufgrund meiner Tattoos das »Pin Cushion« – das Nadelkissen ...

Rezeptvorschläge

- Ofenkartoffeln gefüllt mit einer Variation der Frankfurter Grünen Sauce ▶ Seite 134
- Süßkartoffelpüree mit gebratenem Pfeffer-Apfel ▶ Seite 87
- Zitronen-Orangen-Törtchen mit weißer Schokolade ▶ Seite 194

Ohne Anfang und Ende

Die Glücks-Sache

Jeder will es unbedingt haben. Leider weiß aber keiner so wirklich, wie es funktioniert, obwohl es zu diesem Thema Unmengen an Leitfäden, Workshops und Ratgebern gibt. Wer den Begriff im Internet eingibt, erhält über 20 000 000 Treffer, wer entsprechende Sinnsprüche sucht, erzielt 556 000 Erfolge. Außerdem gibt es zum Thema Glück spannende Forschungsergebnisse. So soll, laut Forschung, dieser so sehr gewünschte Zustand mit einem zunehmenden Grad an Fremdbestimmung dramatisch abnehmen. Um einen Glückszustand in seiner Gesamtheit zu erleben, kommt es nach Meinung von Wissenschaftlern auch auf das Zusammenspiel von körperlichen und geistigen Funktionen an.

Um was geht es nun eigentlich? Ganz schlicht um Glück und Glücklichsein, eine der größten menschlichen Sehnsüchte.

Das Wort »Glück« hat seinen Ursprung im Mittelhochdeutschen mit der Bedeutung »die Art, wie etwas endet, wie etwas gut ausgeht«. Um Glück zu haben, ist nach diesem Verständnis kein bestimmtes Talent nötig, es geschieht ganz ohne eigenes Zutun. Denn das Glück liegt in uns selbst. Für mich ist das eine schöne Beschreibung für den Glückszustand – ganz im Sinne von Ayurveda und Yoga. Beide Lehren führen uns zum Glück, indem sie uns zu uns selbst führen. Sie stellen stets das Individuum in den Mittelpunkt. Yoga lehrt uns, dass alles im Inneren gut und richtig ist. Die gleiche unfassbare Kraft, die alles um uns herum geschaffen hat, hat auch uns geschaffen – und das nicht ohne Grund. So wie ich bin, bin ich gewollt und geliebt: Diese Erkenntnis steckt tief in uns. Meister Eckhart, der große Mystiker des Mittelalters, nennt es das »göttliche Seelenfünklein«. Im Sanskrit drückt das »Om Mani Padme Hum«-Mantra das tiefe Mitgefühl aus, den Wunsch, dass alle Lebewesen die Befreiung aus dem Zyklus der Wiedergeburten erfahren. In beiden Interpretationen findet sich auch der Ursprung des Wortes »Glück« wieder. Wenn wir nämlich aufhören, schöner, besser oder anders sein zu wollen, kann das Glücklichsein beginnen. Das Glück liegt schon in uns, niemand anderes kann es uns geben oder wegnehmen, denn dieser Zustand hat weder Anfang noch Ende.

Um ihn zu erreichen, ist eine gute körperliche Verfassung die Grundvoraussetzung. Im

Ayurveda erkannte man bereits vor über 5000 Jahren das wichtige Wechselspiel von Körper und Geist. Eine zentrale Rolle spielt dabei eine angepasste und ausgewogene Ernährung. Jeder kleine Teil eines Systems sollte das Große abbilden: In diesem Sinne kommen beispielsweise in einer ayurvedischen Mahlzeit alle sechs Geschmacksrichtungen (süß, sauer, salzig, scharf, bitter, zusammenziehend) zusammen.
Eine weitere Grundidee im Ayurveda berücksichtigt, dass wir als Teil der Natur auch den Gesetzmäßigkeiten der Natur unterworfen sind. Nur weil wir Laptops bedienen können, stehen wir nicht außerhalb dieses Systems. Wir sind nicht die Könige der Wüste, sondern lediglich Sandkörnchen, die in der Sonne glitzern und wundervolle Dünenformationen bilden.

»Da es sehr förderlich für die Gesundheit ist, habe ich beschlossen, glücklich zu sein …«

Voltaire

Mir gibt dieses Bewusstsein eine immense Freiheit, ohne dass es mir die Eigenverantwortung nimmt. Im Gegenteil: Es erinnert mich immer wieder an die Verantwortung für mich und mein Leben. Ich muss nicht alles können, und ich muss schon gar nicht alles wissen. Die Energie, die man manchmal »Gott« nennt, diese Energie, die all das Schöne um mich herum geschaffen hat, hat auch mich nicht ohne Grund hier unten abgeliefert.
Wir Menschen scheinen nach Abhängigkeiten zu gieren. Wie sonst soll man all die kleinen, fiesen Bindungen und Verstrickungen deuten, die wie Sumo-Ringer mit verschränkten Armen auf der inneren Schatztruhe des persönlichen Glücks sitzen. Und das, obwohl wir in einer demokratischen Kultur leben, die uns selbst viele Möglichkeiten offenlässt.
Unsere Gesellschaft betont oft nur den Mangel an etwas und meint, man könne diesen Mangel einfach wegkaufen oder wegkonsumieren. Über die Folgen dieser Konsumgier wird ausführlich in allen Medien berichtet. Der Erwerb einer Ware kann momentane Befriedigung verschaffen, aber kein Glück. Erneut entsteht Mangel. In diesem Buch haben wir uns deshalb vorgenommen, von Fülle und Potentialen zu schreiben.
Ich muss nicht schöner, toller oder besser sein. Ich darf Macken, Fehler und auch

Pickel haben. In dem Moment, in dem ich das einsehe und mich darauf einlasse, können sich viele Abhängigkeiten lösen, und Vertrauen kann sich einstellen. Genau das ist aber natürlich eine der größten Herausforderungen: Sich anzunehmen, wie man ist, seine individuellen Möglichkeiten optimal zu nutzen und sich möglichst weit von Abhängigkeiten und Äußerlichkeiten frei zu machen. Vermeintlich schützende Schichten sind abzutragen, um einen ehrlichen Blick auf sich selbst zu erreichen. Lang bestehende Gewohnheiten kann man brechen, ohne sich selbst zu geißeln oder zu verteufeln. Optimieren oder modifizieren? Es geht weniger um eine lineare Erfolgsgeschichte, es geht um einen Modus-Wechsel.

Glück liegt also im Handeln, aus dem sich eine Haltung ergibt, nicht im Ergebnis. Es spielt sich im Inneren ab, nicht im Äußeren, hat mit Selbsterkenntnis und Selbstbestimmung zu tun. Ehrlichkeit zu sich selbst ist bereits ein großer Schritt zum Glück. Die Frage »Will ich das wirklich?« könnte viel Unglück abwenden. Wenn ich Pommes Frites mit Ketchup will, aber Grünkernbratling mit Bohnenpüree esse, kann es mir nicht schmecken. Der Magen wird mir die entsprechende Rückmeldung geben.

Wir sind die Schöpfer unserer Gedanken, wir geben den Dingen ihre Bedeutung. Dies haben Yogis, Buddhisten, Stoiker, Semiotiker und andere weise Menschen schon lange erkannt. Es sind nicht die Dinge, die uns beunruhigen, es ist unsere Sicht auf die Dinge.

Glück liegt in der Reduzierung, in der bewussten Einfachheit des Lebens, die den Blick frei macht auf unsere eigentlichen Bedürfnisse. Gipfelerlebnisse dieser Art kann man täglich in der Küche haben. Mit Askese hat dies nichts zu tun, wie die Rezepte in diesem Buch zeigen. Mein Weg zum Glück führt unter anderem über das Kochen. Für andere kann er aber auch im Bergsteigen, Musizieren oder Malen liegen. Lebensfreude, Nahrung (auch im übertragenen Sinn) und das hingebungsvolle Versinken in einer Tätigkeit spielen dabei eine Rolle. Erst wenn wir selbst zufrieden sind und Vertrauen in das Leben entwickeln, erst wenn wir gesunden Egoismus (»Liebe deinen Nächsten wie dich selbst«) aufbringen, macht uns der Kontakt mit anderen glücklich. Erst wenn das Herz mit Sauerstoff versorgt ist, kann es für andere schlagen.

KOCHEN – EIN GLÜCKSREZEPT?

Die Gunas

Wie schön wäre es, wenn wir uns nicht nur Übergewicht und Diabetes, sondern auch gute Laune sprichwörtlich »anfressen« könnten!
Die gute Nachricht ist, dass es im Sinne unseres Buchtitels wirklich funktioniert. Ernährung kann bewusst als Glücksdoping für die Seele eingesetzt werden, ganz legal und ohne hüftverbreiternde Nebenwirkungen. Essen hat durchaus eine psychologische Dimension und kann die komplette Palette des emotionalen Spektrums reflektieren. Nahrung als Seelentherapie: Aus diesem Grund hat man im Ayurveda schon immer alle Lebensmittel nicht nur nach der Wirkung auf den Körper, sondern auch nach der Wirkung auf den Geist unterschieden. Um dies genauer zu erklären, empfiehlt sich erneut ein kleiner Ausflug in die Weltanschauung des Ayurveda.

Man ist im Ayurveda der Überzeugung, dass es in der Natur drei grundlegende energetische Prinzipien gibt – ähnlich dreier Zutaten für den Grundteig –, deren Beschaffenheit und Mengenanteil maßgeblich für Aussehen und Geschmack des fertigen Kuchens verantwortlich sind. Wähle ich überwiegend hochwertige Zutaten aus, wird es ein Augen- und Gaumenschmaus. Wähle ich Minderwertiges, hat der Genuss keine Chance.
Die frühen Philosophen im Ayurveda, erleuchtete Seher, Rishis genannt, erkannten eine enge Wechselbeziehung zwischen dem Menschen und der ihn umgebenden Welt. In der materiellen Welt sahen sie ein Abbild einer größeren, zeitlosen Energie. Diese schöpferische Energie zeichnet sich durch die folgenden drei Qualitäten aus, die in der ganzen Natur zu finden sind, die sogenannten Gunas. Auch die Nahrungsmittel werden diesen drei Gunas zugeordnet.

Sattva: Die Qualität der Reinheit und Göttlichkeit

Den sattvischen Lebensstil prägt eine bewusste, ganzheitliche und spirituelle Lebensführung. Dazu gehören neben der Achtsamkeit mit sich selbst die schönen Künste und der Aufenthalt in der Natur, außerdem die Vermeidung von schädlichen Einflüssen und Gewalt auf Körper und Geist. Also Vorsicht vor Splatter-Movies und Schauer-Romanen! Zum sattvischen Lebensstil zählt auch eine vegetarische Ernährung. Entgegen der weit verbreiteten Auffassung ist Ayurveda als Therapieform nicht strikt vegetarisch. Bei körperlicher Auszehrung werden zur Stärkung auch Fleisch und Fisch eingesetzt. Im Sinne einer sattvischen Lebensführung wird allerdings der Verzicht auf beides empfohlen. Hintergrund ist, dass die Gewalt des Schlachtens und die Aggression des Tötens auf das Fleisch übergehen und somit auch auf den Menschen, der es verzehrt.
In Zeiten, in denen uns die Perversion der Fleisch- und Fischindustrie in ihrer ganzen Grausamkeit vor Augen geführt wird, ein äußerst plausibles Argument.

Rajas: Die Qualität der Energie und Dynamik

Rajas symbolisiert die Dynamik hinter den Prozessen, sozusagen den energetischen Treibsatz der Schöpfung. Ein Zuviel an Rajas

kann schnell in Aggression und seelische Überhitzung umschlagen. Dinge, die Rajas fördern, sind große Hitze, von Gewalt geprägte Eindrücke, Bilder und Musik sowie sehr scharfe oder vergorene Lebensmittel und Alkohol. Deshalb ist es nicht korrekt zu behaupten, dass Chili immer gut für die Verdauung sei und zudem müde Männer wieder munter mache. Zutreffender wäre: In richtigem Maß eingesetzt hat Chili durchaus verdauungsfördernde Effekte. Im Übermaß eingesetzt kann er allerdings auch Gewalt und Impotenz fördern.

Tamas: Die Qualität der Trägheit und Verdunklung

Tamas ist der körperliche und seelische Sumpf, der uns davon abhält, unserer eigentlichen Bestimmung und Natur nachzugehen. Tamas ist der Gaukler, der uns vormacht, was richtig ist und was falsch. Tamas ist die träge, dunkle Seite der schöpferischen Macht. Menschen mit christlich geprägtem Hintergrund werden jetzt an den Gehörnten denken. Ich würde es nicht Teufel nennen, eher Schlafmittel für die Seele. Eine gewisse Trägheit ist durchaus berechtigt. Im richtigen Maß sorgt sie für Beruhigung und Entspannung. Zu viel davon aber macht uns statisch und lässt uns resignieren.
Tamas wird durch die Beschäftigung mit düsterer Literatur, Aufenthalte in dunklen Räumen, dunkle Farben, Gedanken an Tod, Scheitern und Unglück gefördert.
Lebensmittel, die Tamas erhöhen, sind Fleisch, Pilze, Schimmelkäse, lange Gelagertes und Gekochtes sowie im Übermaß auch Knoblauch. Dieser kann aus Sicht des Ayurveda bei allem therapeutischen Nutzen zu geistiger Trägheit und Abstumpfung führen. Daneben hat er auch eine Reizwirkung auf die Geschlechtsorgane. Aus diesem Grund empfiehlt man im Ayurveda vor allem denjenigen, die auf dem Weg des Yoga sind, auf Knoblauch zu verzichten. Denn der geistige Weg des Yoga erfordert Nahrungsmittel und eine Lebensführung, die von der Energie und Reinheit des Sattva geprägt sind. Als Alternative zum Knoblauch setzt man im Ayurveda häufig Asafötida ein, ein fein geriebenes Harz mit ähnlichem Geschmack wie Knoblauch. Er verursacht keinen Mundgeruch und wird oft von Menschen gut vertragen, denen Knoblauch Probleme bereitet. Für Pilze und Schimmelkäse gilt Ähnliches, denn im Regelfall wachsen Pilze und Schimmel in der Natur an Orten der Verwesung und des Zerfalls, wie an absterbenden Baumstämmen. Dementsprechend ist die Information für den Körper, die Pilze und Schimmel enthalten. Falls nun die Schwammerlfraktion aufschreit und Zuchtpilze ins Spiel bringt: Es geht nicht um gezüchtet oder nicht. Vielmehr beachtet man im Ayurveda den natürlichen Ursprung einer Sache und zieht daraus seine Rückschlüsse.

Somit stehen die drei Gunas für die drei göttlichen Kräfte – für Schöpfung, Bewahrung und Zerstörung.

Ayurvedische Inspirationen für ein zufriedenes Leben

Grundgedanken

Viele Schriftsteller und Künstler ziehen sich, wenn sie an einem neuen Buch oder Werk arbeiten, in eine besonders inspirierende Umgebung zurück. Zwar bin ich weder Schriftsteller noch Künstler, aber was anderen Kreativen hilft, kann mir bestimmt nicht schaden. So sitze ich jetzt auf der Prastmannalm auf 1600 Meter Höhe im wunderschönen Ahrntal in Südtirol und genieße den grandiosen Ausblick. Diese Landschaft, die ein positives Gefühl von Ewigkeit und Demut vermittelt, ist der perfekte Rahmen, um einige Erklärungen zum Ayurveda zu verfassen. Denn dieses »Wissen vom Leben« ist genauso zeit- wie grenzenlos. Darin liegt der für uns alle gültige große Schatz des Ayurveda. Wie die Berge um mich herum beschreibt Ayurveda ein ewiges Wissen. Es ist so alt wie die Menschheit – und für jeden von uns erfahrbar.

Man sagt, dass es jeder Mensch in sich trägt und es auch aus den Tiefen seines Herzens an die Oberfläche holen kann. Natürlich sollte man dafür etwas Zeit investieren, und vielleicht muss man dafür auch wieder lernen, auf sich und in sich zu hören, Wahrnehmung und Selbstbeobachtung zu intensivieren. Genau da liegt aber das Problem, bei all dem Lärm und der Alltagshektik um einen herum. Wenn ich noch nicht einmal mein eigenes Wort verstehen kann, wie soll ich auf die leise Stimme meines Herzens hören?

In unserer Kultur muss alles ein fest definiertes, erfolgversprechendes Ziel haben.

»Normal« ist das, was die Mehrheit der Bevölkerung macht. Im Ayurveda ist das anders. Du selbst bist der Maßstab der Dinge, ganz gleich, ob es um deine Ernährung oder deine Einstellung zur Religion geht. Dabei ruft Ayurveda weder zur Anarchie noch zum Nihilismus auf. Genau diese undogmatische Ansicht aber ist für uns im ersten Moment schwer zu fassen. Denn wir sind von klein auf daran gewöhnt, dass uns jemand sagt, was gut und böse, richtig und falsch oder gesund und ungesund ist.
Für mich ist Ayurveda wie eine wunderbare Reise zu uns selbst, auch eine Reise zum Ursprung des Lebens überhaupt. Es bietet große Freiheit, in der ich nach meinen persönlichen Voraussetzungen entscheiden kann, was gut für mich ist. Mein Leben ist durch Ayurveda ungemein bereichert worden, wobei der Weg, der mich dorthin geführt hat, sehr verschlungen und kurvig war.

Auslöser war die schwere Krebserkrankung meines Vaters, die 1990 – leider viel zu spät – diagnostiziert wurde. Dennoch – aus den prognostizierten sechs Monaten verbleibender Lebenszeit wurden noch elf Jahre. Sein Glück war, dass er kurz nach seiner OP einen Arzt gefunden hat, der zu dieser Zeit bereits ganzheitlich tätig war. Ich fand es schon damals als 13-Jähriger faszinierend, dass ein »normaler« Hausarzt mit einem chinesischen Akupunkteur und einer russischen Geistheilerin zusammenarbeitet, ohne sich Gedanken um seinen Ruf zu machen, und in Kauf nimmt, als »Scharlatan« und »Halsabschneider« bezeichnet zu werden.

Im Februar 2001 ist mein Vater dann leider doch gestorben. Unzählige Therapien und Operationen hatten ihm einfach so sehr zugesetzt, dass er für sich beschlossen hatte zu gehen, um endlich Frieden zu finden. Als Angehöriger ist das der Moment, das eigene Ego zu vergessen und einen geliebten Menschen gehen zu lassen.
Natürlich war die Zeit hinterher ziemlich schwierig, und ich wusste nicht so wirklich, wohin mit mir. In einer ruhigen Minute wurde mir dann aber klar, dass ich mit Anfang 20 nicht für den Rest meines Lebens herumhängen kann. Also habe ich mich neu sortiert und zunächst eine Ausbildung gemacht, damit mein Leben wieder eine Richtung bekommt. Letztendlich fiel die Wahl dann auf eine Ausbildung zum ... Richtig vermutet: zum Versicherungskaufmann mit einer Zusatzausbildung in Steuerrecht und Wirtschaftsenglisch.

Mir war von Anfang an klar, dass es nur eine Zwischenstation ist, bis ich definitiv weiß, wo es hingeht. Also habe ich die Zeit genutzt, um verschiedene Weiterbildungen in ganzheitlichen Methoden zu machen, angefangen bei Klangschalen-Massage, der Dorn- und Breuss-Methode über Progressive Muskelentspannung und Qi Gong. Eines Tages kam dann meine Dozentin auf mich zu und sagte zu mir: »Volker, ich habe hier etwas, das zu dir passt.« Mit diesen Worten drückte sie mir den Flyer über die Ayurveda-Ausbildung in die Hand. Da ich noch etwas Geld und Zeit übrig hatte, habe ich mich 2006 ohne große Erwartungen zur Ausbildung angemeldet. Relativ schnell habe ich gemerkt: Genau das und nichts anderes will ich zukünftig machen.
Um mich nach der Ausbildung auszuprobieren, habe ich sämtliche Bioläden und Reformhäuser in meiner Umgebung angerufen und gefragt, ob ich nicht einen Vortrag bei ihnen halten dürfe. Tja, das war der Anfang meiner Ayurveda-»Karriere«. Seitdem bin ich mir jeden Tag bewusst, was für ein gesegnetes Leben ich führen darf. Ich komme an die schönsten Plätze der Welt, habe immer mit interessanten Menschen zu tun und kann das machen, was mir am meisten Spaß macht. Die Krönung ist: Ich kann davon auch noch leben. Mehr kann ich mir nicht wünschen, für mich Glück pur!

Ayurveda hat mich mir selbst ein großes Stück nähergebracht und vor allem mehr Gelassenheit geschenkt. Als angenehmer Nebeneffekt habe ich durch die Umstellung auf ayurvedische Kost auch noch innerhalb eines Jahres 12 Kilo abgenommen!
Was Ayurveda jedoch genau bedeutet, kann jeder im Prinzip nur für sich selbst beantworten. Aus diesem Grund verzichte ich in diesem Buch bewusst auf eine tiefer gehende Erläuterung des philosophischen Hintergrundes im Ayurveda, sondern setze auf die sinnliche Erfahrung des Kochens.

Das Glück im Leben kann man schmecken! Ebenso möchte ich an dieser Stelle Gautama Siddhartha, besser bekannt als Buddha, frei interpretieren: Ich muss nicht immer alles wissen und verstehen. Wichtig ist, ob es mein Leben bereichert.
Damit Sie entscheiden können, ob Sie mit Ayurveda Ihr Leben auch tatsächlich glücklicher und zufriedener gestalten können, folgen nun ein paar Informationen über das Besondere am »Wissen vom Leben«.

Die fünf Elemente

Nach Ayurveda sind die Bausteine allen Lebens die folgenden fünf Elemente: Feuer, Erde, Wasser, Luft und Äther.
Grundsätzlich genügt das Wissen um diese fünf Elemente, um große Teile des Ayurveda verstehen zu können. Alles was auf dieser Welt existiert, jedes Lebewesen, jeder Stein, jeder Gedanke, jede Pflanze: Alles besteht aus diesen Elementen. Sie existieren in verschiedenen Ausprägungen und Zuständen, aber das Grundprinzip bleibt gleich. Wenn man sich zum Beispiel eine Zelle und deren Funktionen anschaut, finden sich exakt diese Elemente wieder: Jede Zelle braucht Stabilität (Erde), um nicht zu kollabieren. Sie benötigt Flüssigkeit (Wasser), in der die dynamischen (Luft) Stoffwechselprozesse (Feuer) ablaufen. Natürlich benötigt sie auch Räume (Äther), in denen das alles passieren kann.
Aus diesen fünf Elementen bilden sich drei Paare, die als Grundbausteine des Organismus angesehen werden. Im Sanskrit heißen diese Bausteine Doshas, was übersetzt so viel heißt wie »Verderber«. Wenn einer dieser Bausteine im Übermaß vorhanden ist, kann das durchaus Krankheiten auslösen. Die Grundverteilung der Doshas ist ab dem Moment der Empfängnis festgelegt. Aus diesem Grund wird im Ayurveda sehr viel Wert auf eine umfangreiche Entgiftung der beiden Partner vor einer geplanten Schwangerschaft gelegt.

Die drei Doshas

Vata

Aus Luft und Äther bildet sich der Baustein Vata.

Vata bedeutet ungefähr »das, was die Dinge bewegt«. Grundsätzlich steht es für die Bewegung im Organismus und hat die Eigenschaften kalt, rau, trocken, leicht, bewegt sowie feinstofflich. Es regelt die Dynamik hinter allen Stoffwechselprozessen, die Atmung sowie sämtliche Vorgänge des Ausdehnens und Zusammenziehens im Körper. Vata fördert Empfindungen und Zustände wie Kühle, Nervosität, Aufregung, Zittern und Krämpfe.

Es hat seinen Sitz im Dickdarm, im Becken, in den Ohren, der Haut und in den Knochen. In der Zeit von 2 bis 6 Uhr und 14 bis 18 Uhr tritt es verstärkt auf, sowie im Herbst und jenseits des 50. Lebensjahres. Alterserscheinungen wie Osteoporose, Demenz, Zittern und die sprichwörtlich morschen Knochen sind aus Sicht des Ayurveda eine zu starke Anhäufung der Elemente Luft und Äther im Körper.

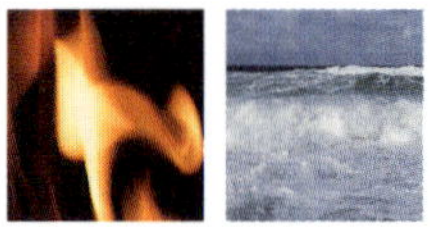

Pitta

Aus Feuer und Wasser besteht der Baustein Pitta.

Pitta heißt so viel wie »das, was die Dinge verbrennt«. Es ist das energetische Prinzip des Organismus, ist für alle Stoffwechselprozesse verantwortlich und sorgt für die richtige Verbrennung der Nahrung. Daneben ist Pitta auch für die korrekte Verarbeitung der mentalen Einflüsse zuständig. Der Ausspruch »Das habe ich noch nicht verdaut« passt sowohl für den Magen wie für den Geist. Auch aus meiner Erfahrung kann ich bestätigen, dass Knoten im Kopf meist mit mehr oder weniger starken Twists in der Verdauung korrespondieren – und umgekehrt.

Pitta hat seinen Sitz im Dünndarm, im Magen, im Gehirn, den Augen und auch im Blut. Es ist besonders stark in der Zeit von 22 bis 2 Uhr nachts und von 10 bis 14 Uhr; im Frühjahr und Sommer sowie in der Zeit zwischen dem 18. und 50. Lebensjahr.

Seine Eigenschaften sind ölig, scharf, heiß, leicht, sauer und flüssig.

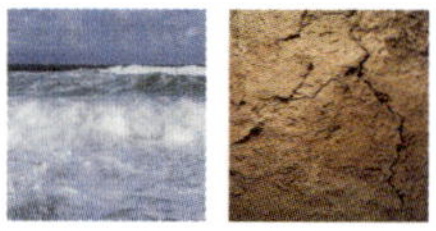

Kapha

Aus Wasser und Erde bildet sich der Baustein Kapha.

Als Prinzip der Stabilität und des Wachstums steht Kapha für »das, was die Dinge zusammenhält«. Es gibt dem Körper seine Form und sein Aussehen und ist von besonderer Bedeutung für das Immunsystem und das mentale Gleichgewicht, denn es sorgt für die notwendige Standfestigkeit gegenüber äußeren Einflüssen. Daneben ist es zuständig für das Geschmacksempfinden und die Schmierung der Gelenke.

Der Hauptsitz von Kapha ist in der Lunge. Es ist besonders stark in der Zeit von 6 bis 10 Uhr und von 18 bis 22 Uhr; im Winter und in der Zeit zwischen der Geburt und dem 18. Lebensjahr. Kapha besitzt die Eigenschaften feucht, kalt, schwer, ölig, langsam, geschmeidig, kompakt.

GUT VERDAUT

Im Ayurveda ist man der Ansicht, dass in verschiedener Hinsicht Unverdautes körperliche und seelische Krankheiten auslöst. Ganz gleich, ob es nun die schwere Mahlzeit von vorgestern ist, die mir noch im Magen liegt, oder ein Gespräch, das ich eigentlich führen müsste, aber vermeide. Beides kann auf Dauer anfangen zu stinken.

Der bedeutende ayurvedische Regulationsmechanismus für die Nahrungsverwertung ist das Verdauungsfeuer oder das nach dem Hindu-Feuergott benannte Agni. In unserem Körper befinden sich zwei dieser kleinen Feuerstellen: ein geistiges Feuer im Kopf und unser materielles Verdauungsfeuer im Magen.

Im Yoga gibt es eine schnelle Wechselatmung, das so genannte Kapalabhati, was »leuchtender Schädel« bedeutet. Diese Übung regt unter anderem die geistige Verdauung an. Auf das materielle Verdauungsfeuer bezieht sich die ayurvedische Empfehlung, alle Mahlzeiten warm zu sich zu nehmen und entsprechend zu würzen.

Stellen Sie sich einen schönen heißen Sommertag vor, an dem Sie ein paar Freunde zum Grillen eingeladen haben. Die Stimmung ist gut, und die mitgebrachten Salate sehen fantastisch aus. Und dann, wenn die Kohle so richtig schön glüht, nehmen Sie einen Eimer Eiswasser, kippen es über die Kohle und legen das Grillgut auf den Rost. Zu dem Zeitpunkt sicher keine gute Idee. Ähnlich gehen wir tagtäglich mit unserer Verdauung um. Vor dem Essen haben wir uns, gerade im Sommer, oft schon ein bis zwei Apfelsaftschorlen oder Weizenbier genehmigt. Damit ist unser Verdauungsfeuer gelöscht. Deshalb mein Tipp, vor dem Essen nichts zu trinken, höchstens ein warmes Getränk und nicht mehr als ein Glas. Wenn das Essen erhitzt wird, ist der erste Feuerprozess bereits vorweggenommen und die Nahrung für den Organismus leichter bekömmlich. Wenn sowohl geistige wie körperliche Einflüsse schnellstmöglich verdaut werden, belasten sie weder psychisch noch physisch. Nur so kann ich in voller Achtsamkeit im Augenblick leben. Mein Körper und mein Umfeld werden es mir danken.

Die Popularität der ayurvedischen Typbestimmung spiegelt unsere Sehnsucht nach Einordnung, Selbsterkenntnis und Analyse. Im Sinne der Selbstoptimierung wünschen sich viele Menschen Vorschriften und Verhaltensregeln, und als Service in ayurvedischen Kur-Ressorts trägt die Dosha-Diagnose zur allgemeinen Zufriedenheit bei.

Ich verzichte hier bewusst auf einen Fragebogen zur Bestimmung der persönlichen Doshas, weil es schlicht und ergreifend unmöglich ist, die persönliche Natur eines Menschen mit einem pauschalen Formular zu ergründen. Um etwas über die Natur eines Menschen sagen zu können, sollte man ihn mindestens über einen Zeitraum von mehreren Wochen kennen. Angebote nach dem Motto »Wir bestimmen Ihre Doshas während einer Beratung oder vor einer Massage« haben nichts mit der traditionellen ayurvedischen Vorgehensweise zu tun. Ein seriöser Ayurveda-Therapeut wird beim Erstgespräch niemals eine definitive Aussage zu den persönlichen Doshas machen.

Von ganz besonderer Bedeutung ist die Einteilung nach den Doshas in der traditionellen ayurvedischen Medizin. Im Unterschied zum Westen kennt man dort keine Krankheitsbilder wie bei uns, sondern versucht stattdessen, die Eigenschaften einer Krankheit und deren Ursprung zu erkennen. So hat beispielsweise ein Tumor mit Wachstum und Ausdehnung zu tun, also sind vor allem Vata und Kapha beteiligt. Sie haben Eigenschaften wie kalt, trocken, träge, feucht und bewegt. Eine ausgleichende Therapie wäre demnach vor allem erhitzend, scharf und warm befeuchtend.
Mir persönlich gefällt für Ayurveda das Bild einer Waage am besten, da sie die Stärke des Ayurveda am treffendsten symbolisiert. Sobald etwas aus dem Gleichgewicht gekommen ist, bietet Ayurveda verschiedene Gewichte von sehr leicht bis schwer, um die Balance wiederherzustellen. Grundsätzlich verfolgt man im Ayurveda immer einen ganzheitlichen Ansatz. Dies macht Ayurveda für den Westen besonders interessant, da Krankheiten hier immer häufiger psychosomatische Ursachen haben.
Eine besonders einfache und faszinierende Möglichkeit, die Waage im Gleichgewicht zu halten, bietet die Ernährung. Sie nimmt innerhalb der ayurvedischen Medizin einen besonderen Platz ein und gilt als beste Maßnahme, Krankheiten gar nicht erst entstehen zu lassen. Bei uns spielt die Ernährung innerhalb einer Therapie meist nur eine untergeordnete Rolle, auch bei der Verpflegung im Krankenhaus. Oft bekommt der Depressive dasselbe Essen wie der Patient mit dem Kreuzbandriss oder der Krebskranke. Da könnte man theoretisch auch allen die gleichen Medikamente geben, oder?

Leben schmecken

Die Einteilung nach Elementen und Eigenschaften findet sich im Ayurveda auch bei den Geschmacksrichtungen und den Nahrungsmitteln wieder. Es gibt sechs Geschmacksrichtungen: süß, sauer, salzig, scharf, bitter und zusammenziehend. Sie alle sollten bei einer Mahlzeit vertreten sein, um ein möglichst vollkommenes Geschmackserlebnis zu erzeugen. Dadurch wird auch verhindert, dass man nach dem Essen aufsteht und das (süße) Schokoladenfach oder das (salzige) Chipsregal plündert.
Jeder Geschmack hat eine spezielle Wirkung auf die Körpergewebe und entweder eine erhitzende oder kühlende Energetik auf den Organismus.

Süß besteht aus den Elementen Wasser und Erde, es nährt alle Gewebe und hat eine kühlende Energetik. Im Übermaß kann Süßes zu Fettleibigkeit, Lethargie, übermäßigem Schlaf, Problemen mit der Lunge und Diabetes führen. Beispiele sind Zucker, Datteln, Sesam, Basmatireis, Cashewkerne, Hafer, Kokosnuss, Melonen.

Sauer besteht aus Feuer und Erde. Es fördert den Aufbau der Gewebe und hat eine erhitzende Energetik. Es regt den Appetit an und fördert den Geschmack der Nahrungsmittel. Im Übermaß kann sauer zu Ödemen, Geschwürbildung und Sodbrennen führen. Beispiele für Saures sind Käse, Joghurt, Zitronen, Tomaten oder grüne Trauben.

Salzig besteht aus Feuer und Wasser. Es hat eine erhitzende Energetik, fördert die Verdauung, kann leicht abführend wirken und hebt die Wirkung der anderen Geschmacksrichtungen auf. Im Übermaß kann diese Geschmacksrichtung Hauterkrankungen, Entzündungen, Störungen des Blutes und Magengeschwüre verursachen. Beispiele sind alle Salze und Meeresalgen.

Scharf besteht aus Feuer und Luft. Es hat eine erhitzende Energetik, fördert die Verdauung und verbessert die Verstoffwechselung der aufgenommenen Nahrung. Es kann helfen, Blutgerinnsel aufzulösen, und hat allgemein eine reinigende Wirkung auf den Organismus. Im Übermaß kann es Hitzegefühle verstärken sowie Magengeschwüre, Schwindel und Ohnmacht verursachen. Beispiele sind Ingwer, Knoblauch, Chilis, Schwarzer Pfeffer, Sellerie, Nelken und Anis.

Bitter besteht aus Luft und Äther. Es hat eine kühlende Energetik und kann entgiftend und keimtötend wirken. Daneben fördert es die anderen Geschmacksrichtungen. Es kann bei Gefühlen von Hitze und Brennen im Körper helfen. Im Übermaß kann Bitter Trockenheit und Kälte im Körper verschlimmern. Beispiele sind Kurkuma, Kümmel, Kürbissamen und Rhabarber.

Zusammenziehend besteht aus Luft und Erde. Es hat eine kühlende Energetik und eine beruhigende und blutstillende Wirkung. Im Übermaß kann es zu Verstopfung, Trockenheit und Herzproblemen führen. Beispiele sind Ziegenmilch, Linsen, Kohl, Brokkoli, Salat, Äpfel, Koriander und Safran.

Tipps: Ayurveda im Alltag

Der ayurvedische Tagesablauf

- Nach dem Aufstehen sollten Blase und Darm entleert werden. Aus Sicht des Ayurveda sollte eine Darmentleerung täglich der Normalfall sein! Alles andere deutet auf Probleme mit der Verdauung hin.
- Fünf Minuten tägliche Atemübungen verbessern die geistige Frische.
- Vor und nach den Mahlzeiten Hände waschen, um sich die Bedeutung der Ernährung nochmals bewusst zu machen.
- In Stille und ohne Ablenkungen essen und die Nahrung mit vollem Bewusstsein zu sich nehmen – das erhöht die Bekömmlichkeit und natürlich den Genuss.
- Täglich den Mund mit Ghee spülen und einen Zungenschaber benutzen, um das Geschmacksempfinden zu erhalten.
- Einmal im Monat einen Tag lang nur heißes Wasser oder Tee trinken, um den Körper von Giftstoffen zu reinigen.

Verdauung und Ernährung

- Etwas frischer Ingwer mit gerösteten Fenchel- und Kardamom-Samen zusammen mit einer Prise Salz gekaut: ideal zur Appetitanregung!
- Ein Glas warme Milch mit etwas frischem geriebenen Ingwer und einem halben Teelöffel braunem Zucker fördert den Schlaf.
- Zu viel essen ist genauso schädlich wie dauerhaftes Fasten.
- Der Magen eines Erwachsenen fasst ein Volumen zwischen 1,2 und 1,6 Liter. Man sollte pro Mahlzeit nur so viel essen, wie in zwei Handflächen passt. Die optimale Verteilung aus Sicht des Ayurveda ist ⅓ Flüssigkeit, ⅓ feste Nahrung und ⅓ Luft.
- Das Trinken vor und unmittelbar nach dem Essen, vor allem von kalten Flüssigkeiten, behindert die Verdauung.

Man nehme ... Liebe! Die ayurvedischen Zutaten

Meine Motivation für dieses Buch ist, Ihnen das Gefühl zu vermitteln, dass Kochen Ihren Alltag positiv verändern kann.
Nahrungsmittel gelten im Ayurveda als im höchsten Maße gesundheitsfördernd. Eine Unterscheidung von grundsätzlich Gesundem oder Ungesundem wie im Westen gibt es nicht. Man unterscheidet jedoch passende und unpassende Nahrung, je nach Konstitutionstyp und Verdauungskraft. So kann eine satte Portion Bratkartoffeln mit einem Berg Mayonnaise in manchen Fällen absolut passend sein. Genauso kann ein frischer Salat alles andere als eine positive Wirkung haben. Man ist im Ayurveda in dieser Hinsicht sehr pragmatisch. Es mag sein, dass die Karotte in Rohform mehr Vitamine hat. Dies hat nur keinen Effekt, wenn die Verdauung nicht damit fertig wird.
Ich erlebe in meiner täglichen Arbeit sehr oft, dass sich Menschen mit für sie falscher Nahrung quälen, nur weil sie vermeintlich »gesund« ist. Ayurveda ist in diesem Punkt völlig frei von Dogmen. Es geht nicht darum, wer Recht hat, sondern was guttut. Jeder von uns ist absolut einzigartig. Dieser Tatsache trägt man im Ayurveda konsequent Rechnung.
Im Folgenden möchte ich Ihnen einige der »Stars« unter den ayurvedischen Zutaten vorstellen. Doch bei alldem gilt auch hier mein ganz persönliches Mantra: Die Intention beim Kochen und Essen ist wichtiger als alle Ingredienzen zusammen.

Ajwain

Die Samen des wilden Sellerie sind bei uns weitgehend unbekannt. Ajwain ist stark verdauungsfördernd, harntreibend, krampflösend und auswurffördernd. In der ayurvedischen Medizin wird er unter anderem bei Problemen mit der Verdauung, bei Erkrankungen der Atemwege oder Nierensteinen eingesetzt. In der Küche findet Ajwain oft Anwendung bei Gerichten mit Kohl und anderen blähenden Gemüsen. Er hat den primären Geschmack scharf und wirkt allgemein erhitzend und anregend auf den Organismus. Als Heilmittel verwendet man einen Teelöffel der zerstoßenen Samen auf eine Tasse Wasser als Aufguss. In Wasser aufgekocht sind die Samen auch hervorragend zum Inhalieren bei Erkrankungen der Nasennebenhöhlen oder der Bronchien geeignet.

Anis

Ein altbekanntes Mittel bei Problemen mit dem Magen und der Verdauung. Daneben fördert Anis die Milchproduktion während der Stillzeit. Er hat den primären Geschmack scharf, vertreibt Kälte aus dem Körper und regt den Kreislauf an. Ein einfaches Rezept ist ein Aufguss von einem Teelöffel auf eine Tasse Wasser oder heiße Milch.

Asafötida

Ein im Westen eher unbekanntes, stark aromatisches Gummiharz, gewonnen aus der Wurzel der Asantpflanze. Es ist eines der

besten Mittel bei Verdauungsproblemen und allen damit verbundenen Folgeerkrankungen wie Rheuma und Arthritis. Es hat die Fähigkeit, Ablagerungen aus dem Darm zu entfernen. Geschmacklich liegt es zwischen Zwiebeln und Knoblauch, ist jedoch wesentlich aromatischer und ohne die blähenden Eigenschaften der beiden. Außerdem verursacht es keinen Mundgeruch! Asafötida hat den primären Geschmack scharf und wirkt stark erhitzend. Also Vorsicht bei Fieber und Schwangerschaft, da Asafötida auch leicht abführend wirkt. Als Paste äußerlich aufgetragen hilft Asafötida bei Magenbeschwerden und schmerzhaften Gelenken. In der Küche setzt man es besonders bei Bohnen- und Linsengerichten ein.

Basilikum

Basilikum kennt jeder in Verbindung mit Tomate und Mozzarella, doch es kann viel mehr. In Indien wird es als heilig verehrt, steht fast immer vor Tempeln und fehlt in keinem Haushalt. Es öffnet das Herz, reinigt den Geist und schenkt die Energie für Liebe und Hingabe. Es hat den primären Geschmack scharf und eine erhitzende Energetik. Daher ist es eigentlich nicht das optimale Gewürz für den Sommerklassiker Caprese. Probieren Sie es stattdessen einmal mit kurz in Olivenöl gebratenen Zucchini. Basilikum fördert die Urinausscheidung und ist ein wirkungsvolles Mittel bei Fieber, Grippeerkrankungen und Lungenentzündung. Ein einfaches Rezept besteht darin, frisches Basilikum mit heißem Wasser zu überbrühen, 15 Minuten ziehen zu lassen und nach dem Abkühlen mit Honig zu süßen. Dieser Tee ist ein sehr guter Schleimlöser. In der Küche setze ich Basilikum oft als Würze bei lauwarmen Salaten ein oder für ein Chutney in Verbindung mit Koriander und Minze.

Bockshornklee

Man verwendet den Samen der Pflanze. Er ist ein gutes Stärkungsmittel bei Schwächezuständen und hilft bei Problemen des Nerven- und Genitalsystems. Zu Brei zerstoßen fördert Bockshornklee die Milchbildung und das Haarwachstum. Aufgrund seiner positiven Wirkung auf die Verdauung setze ich ihn oft bei der Herstellung von Currys ein. Als Aufbaumittel kann man täglich drei Teelöffel des Pulvers in warmer Milch zusammen mit Honig trinken.

Datteln

Datteln kennt fast jeder von einem Nordafrikaurlaub oder aus dem Obstgeschäft nebenan. Im Ayurveda setzt man Datteln als allgemeines Stärkungsmittel und Aphrodisiakum ein. Sie haben den primären Geschmack süß und eine kühlende Energetik.

Dill

Dill ist in unserem Kulturkreis als Würzmittel für Fischgerichte und Soßen aller Art bekannt. Im Ayurveda verwendet man Dill häufig bei Blähungen oder als auswurfförderndes Mittel bei Verschleimungszuständen. Er hat den primären Geschmack scharf und bitter und eine kühlende Energetik.

Fenchelsamen

Fenchelsamen gelten als eines der besten Mittel bei Blähungen oder Magenkrämpfen, daneben regen sie die Milchbildung an. Fenchel beruhigt die Nerven, und sein Geruch wirkt positiv auf den Geist und das Konzentrationsvermögen. Bei Nieren- oder Blasenproblemen wird er oft zusammen mit Koriander eingesetzt. Er hat den primären Geschmack süß und scharf mit einer kühlenden Energetik.

Gelbwurz

Gelbwurz, besser bekannt als Kurkuma, ist ein natürliches Antibiotikum. Sie reinigt und nährt das Blut, macht Bänder und Sehnen elastisch, wirkt regulierend auf den Stoffwechsel und wird sowohl bei Über- wie auch bei Unterfunktionen der Schilddrüse eingesetzt. Nach gut 5000 Jahren hat jetzt auch der Westen Kurkuma als Waffe gegen Tumorerkrankungen entdeckt. Äußerlich angewandt, auch zusammen mit Honig, ist Gelbwurz ein gutes Mittel bei Prellungen und Verstauchungen. Sie hat den primären Geschmack bitter, zusammenziehend und scharf mit einer erhitzenden Energetik.

Ghee

Ghee oder zerlassenes Butterfett ist zusammen mit Milch und Honig eines der großen Regenerationsmittel im Ayurveda. Es gilt als verjüngendes Lebenselixier und Stärkungsmittel für das Immunsystem. Selbst über einen längeren Zeitraum genommen hat es keine negativen Auswirkungen auf den Cholesterinspiegel. Da es fettlösliche Körper- und Umweltgifte bindet, leistet Ghee hervorragende Dienste bei der Reinigung und Entgiftung des Körpers. Es macht die Speisen bekömmlicher und verleiht ihnen einen intensiveren Geschmack. Daneben gehen beim Dünsten mit Ghee wertvolle Vitamine

und Inhaltsstoffe nicht verloren. Wer vor Beginn einer Meditation etwas Ghee in die Nase reibt, entspannt seine Schleimhäute und stärkt die geistige Aufnahmefähigkeit.

Granatapfel

Die Frucht und ihr Baum sind eine natürliche Apotheke, denn es werden im Prinzip alle Bestandteile des Baumes verwendet, angefangen bei der Wurzelrinde, die man bei Parasiten und Wurmerkrankungen einsetzt, bis zur köstlichen Frucht. Die Fruchtschale wirkt entzündungshemmend auf die Schleimhäute. Der Saft nährt das Blut und wirkt gleichzeitig kühlend. Granatapfelsaft ist ein exzellentes Mittel gegen Hitzewallungen in den Wechseljahren.

Honig

Der Klassiker auf dem Frühstücksbrötchen. Aber auch im Honig steckt viel mehr. In einem Glas Honig verbirgt sich die Energie von 40 000 Flugkilometern, die die Bienen bei seiner Gewinnung zurücklegen! Honig enthält Stoffe mit antibiotischer Wirkung und ist ein sehr guter Schleimlöser. Wer abends gerne noch einen Becher Joghurt isst, sollte einen Löffel Honig einrühren, dann geht der Joghurt nicht so auf die Hüften. Honig ist ein hervorragendes Stärkungsmittel und wirkt leicht abführend. Er sollte nicht auf über 40 °C erhitzt werden, da seine Inhaltsstoffe sonst verlorengehen und er nur noch als Süßungsmittel funktioniert. Honig hat den primären Geschmack süß, scharf und eine erhitzende Energetik.

Ingwer

An dieser Wurzel kommt man natürlich nicht vorbei. Ingwer ist für einige das beste Gewürz überhaupt, auch im Ayurveda wird er als »universelle Medizin« bezeichnet. Am häufigsten wird er bei Verdauungsproblemen und Atemwegserkrankungen eingesetzt. Ein Stückchen frischer Ingwer vor dem Essen entfacht das Verdauungsfeuer und macht die Speisen bekömmlicher. Bei Erkältungen wirkt ein Teelöffel geriebener Ingwer zusammen mit einem Löffel Honig in frischem Basilikumtee kleine Wunder. Auch bei Arthritis und als Herzmittel wird er eingesetzt. Ingwer hat den primären Geschmack süß, scharf und eine erhitzende Energetik.

Kardamom

Diese aromatischen Samen sind wohl das verträglichste verdauungsfördernde Mittel überhaupt. Kardamom entgiftet das Koffein im Kaffee, deshalb findet man ihn oft in indischen Kaffee- oder Teegetränken. Die gekauten Samen sorgen für frischen Atem und helfen bei Aufstoßen und Sodbrennen. Daneben wird Kardamom seit Jahrtausenden im Ayurveda bei Verschleimungen der Atemwege eingesetzt, mittlerweile auch im Westen. Er hat den primären Geschmack süß, scharf und eine erhitzende Energetik.

Koriander

Koriander wird häufig in der ayurvedischen Küche verwendet, ähnlich wie bei uns Petersilie, vor allem bei Gerichten mit Kartoffeln, Kohl und Linsen. Aufgrund seiner kühlenden und neutralisierenden Eigenschaften nimmt man ihn auch für heiße, scharfe Speisen. Oft wird er bei Problemen mit den Nieren und Harnwegen – und sein frischer Saft bei Allergien – eingesetzt. Er hat den primären Geschmack bitter und scharf mit einer kühlenden Energetik.

Minze

Minze hat eine kühlende, erfrischende Wirkung. Sie entspannt Körper, Geist und Sinne, deshalb wird sie in so vielfältiger Weise verwendet. Minze wird bei einfachen Erkältungen und Grippeerkrankungen eingesetzt, aber Achtung bei Schüttelfrost: Minze kann Kältegefühle im Körper verstärken. Sie hat den primären Geschmack scharf und eine kühlende Energetik.

Nelken

Nelken regen die Magen- und Lungenfunktion an. Sie vertreiben Kälte aus dem Körper und wirken reinigend auf das Lymphsystem. Ein altes Hausmittel meiner Mutter bei Erkältungen ist heißer Apfelwein mit Nelken, Kandiszucker, Zimtstangen und frischer Zitrone. Nach drei Bechern schläft man hervorragend, und die Erkältung ist so gut wie weg. Nelken haben den primären Geschmack scharf und eine erhitzende Energetik.

Paprika

Paprika ist uns als Heilpflanze im Prinzip unbekannt, obwohl sie sich sehr gut als Anregungsmittel bei Schwächezuständen eignet und bei Blähungen hilft. Sie hat den primären Geschmack scharf und eine erhitzende Energetik.

Safran

Safran ist nicht nur das teuerste Gewürz überhaupt, sondern auch ein stark wirksames Mittel, um das Blut, den Kreislauf und das weibliche Genitalsystem zu regenerieren. Er gilt als das beste Aphrodisiakum für Frauen. Echter Safran färbt sich aufgelöst in Wasser oder Milch immer kräftig gelb. Sollte er sich rot färben, hat man Ihnen etwas anderes verkauft! Er hat den primären Geschmack scharf und bitter mit einer kühlenden Energetik.

Zimt

Zimt ist ein bewährtes Mittel bei Kreislauf- und Durchblutungsstörungen. Bekannt ist auch seine gute Wirkung bei Erkältungs- und Grippeerkrankungen. Zimt wird zur Schmerzlinderung bei Zahnschmerzen und Muskelverspannungen eingesetzt. Seine wärmende Eigenschaft bewährt sich auch bei der Produktion von Schuhsohlen. Zimt hat den primären Geschmack scharf, süß, zusammenziehend und eine erhitzende Energetik.

YO/GA
LET THERE BE OM

Die Rezepte

Sie sind köstlich, fantasievoll und vegetarisch. Sie kombinieren ayurvedisches Wissen mit den Anforderungen des modernen Lebens. Ihre Zubereitungszeiten sind überschaubar. Milchprodukte können jederzeit durch vegane Alternativen ersetzt werden, zum Beispiel durch Soja-, Reis- oder Hafermilch statt Kuhmilch, Sojajoghurt statt Kuhmilchjoghurt und Margarine statt Butter. Selbstverständlich erzielt man mit Produkten aus zertifiziert biologischem Anbau die besten Resultate – nicht nur geschmacklich, sondern auch in der Achtsamkeit mit sich und anderen.

Die Mengenangaben in den folgenden Rezepten sind – falls nicht extra gekennzeichnet – für vier Personen berechnet.

aktivierend:

Frühstück

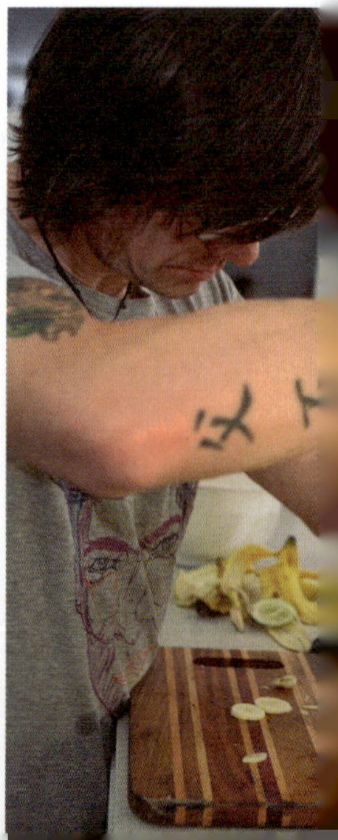

Nichts gegen Croissant und Cappuccino, aber im Ayurveda lautet die Devise: Warm frühstücken! In der Zeit zwischen 6 und 10 Uhr steht unser Körper noch unter dem Einfluss des trägen und kalten Kapha-Doshas. Nicht nur unser Bewegungsapparat kommt morgens etwas schwer in die Gänge, genauso geht es unserer Verdauung. Frisch gekochte oder gebackene Anheizer wie Getreidebreie aktivieren das Agni, das Verdauungsfeuer, und kurbeln die Energie nachhaltig an.
Nach dem Aufstehen empfiehlt sich etwas warmes, abgekochtes Wasser: Es entlastet die Verdauung, bevor die ersten Bitterstoffe des Tages eintreffen.

Apfel-Karotten-Creme mit Rosinen und Rosenwasser

glutenfrei

kindergarten-getestet

besonders fix

500 g Karotten
3 Äpfel
50 g Butter
300 ml Milch
1 EL Rohrzucker
50 g Rosinen
1 EL Rosenwasser (im Asia- oder Naturkostladen erhältlich)
½ TL frischer gemahlener Kardamom
1 Prise Muskatnuss
100 g geröstete Mandelplättchen zur Deko

- Die Karotten und Äpfel schälen und mit der groben Seite der Küchenreibe raspeln.
- Die Butter in einer Pfanne erhitzen. Karotten und Äpfel zugeben und kurz anbraten.
- Die restlichen Zutaten zufügen und unter Rühren 15 Minuten zu einer cremigen Konsistenz einkochen.
- Vor dem Servieren mit den Mandelplättchen bestreuen.

TIPP: Rosenwasser zaubert nicht nur ein wunderbar frisches Aroma in dieses Gericht, sondern eignet sich aufgrund seiner kühlenden Wirkung auch hervorragend als sanftes Heilmittel bei Hautreizungen wie Sonnenbrand und Pickel.

Grießbrei mit frischen Brombeeren

vegan

kindergarten-getestet

besonders fix

12 Safranfäden
150 g Grieß
600 ml Hafermilch
100 ml Multivitaminsaft
1 Prise Muskatnuss
1 EL Rohrzucker
100 g frische Brombeeren

- Den Safran in 3 Esslöffel lauwarmer Milch einweichen, damit er gleichmäßig färbt.
- Den Grieß für ein kräftigeres Aroma in einem Topf ohne Fett 5 Minuten auf mittlerer Hitze goldbraun anrösten.
- Den Topf von der Platte ziehen und die restliche Milch und den Fruchtsaft unterrühren. Achtung: Wenn der Topf zu heiß ist, spritzt der Grieß! Alternativ kann man auch die Milch und den Saft erhitzen und dann zugeben.
- Den Topf zurück auf die Platte stellen, Muskat, Safranmilch und Rohrzucker zugeben und alles unter ständigem Rühren in 5 Minuten zu einem cremigen Brei kochen.
- Zum Schluss mit den frischen Brombeeren garnieren.

Süßer Dal mit Feigen

glutenfrei

besonders fix

150 g rote Linsen
10 getrocknete Feigen
50 g Mandelplättchen
1 EL Ghee
2 TL Zimt
350 ml Gemüsebrühe
1 EL Rohrzucker

- Die Linsen mehrfach durchwaschen, bis das Wasser klar ist. In einem Sieb abtropfen lassen.
- Die Feigen in Streifen schneiden.
- Die Mandeln in einem Topf ohne Fett bei mittlerer Hitze kurz anrösten.
- Ghee, Linsen, Feigen und Zimt zugeben und 2 Minuten alles gut verrühren.
- Mit Gemüsebrühe aufgießen und für 20 Minuten auf mittlerer Hitze zugedeckt köcheln lassen.
- Vor dem Servieren den Rohrzucker einrühren.

Bananen-Walnuss-Muffins

optional laktosefrei

optional vegan

kindergarten-getestet

Für 12 Muffins

250 g Dinkelvollkornmehl
1 TL Backpulver
¼ TL Salz
80 g Zucker oder 100 ml Agavendicksaft
100 ml Pflanzenöl
2 Eier (optional 2 TL Pfeilwurzelmehl)
1 EL Zimt
100 g Bananenjoghurt (optional Sojajoghurt)
1 reife Banane, klein geschnitten
100 g Zartbitterschokolade, gehackt
1 EL Limettensaft
150 g Walnüsse, geröstet und gehackt

- Das Mehl mit Backpulver, Salz und Zucker (falls verwendet) mischen.
- Das Öl mit den Eiern, dem Zimt und dem Joghurt verrühren (wird Agavendicksaft statt Zucker verwendet, diesen jetzt untermengen) und anschließend unter das Mehl mischen.
- Die Banane, die Schokoladenstückchen, den Limettensaft und die Walnüsse unter den Teig heben und die Mischung mit dem Handrührgerät oder einem Kochlöffel zu einem glatten Teig verarbeiten.
- Den Teig in Muffinförmchen füllen und bei 180 °C 25 Minuten backen.

Obstküchlein mit Mango-Chutney

kindergarten-getestet

besonders fix

Für das Chutney

1 Mango
1 kleine grüne Chilischote
1 Prise Salz
½ TL Rohrzucker
200 g Naturquark

- Zuerst das Chutney zubereiten: Die Mango schälen und das Fruchtfleisch vom Kern schneiden.
- Die Chili waschen, halbieren, entkernen und klein schneiden.
- Anschließend alles in einer Schüssel pürieren.
- Jetzt noch mit Salz, Zucker und Quark vermischen.

Für 12 Küchlein

150 g Mehl
1 TL Backpulver
1 TL Zimtpulver
1 Prise Anispulver
1 EL Rohrzucker
180 ml lauwarme Milch
200 g frische Früchte nach Wahl, klein gehackt
2 EL Ghee

- Für die Küchlein Mehl, Backpulver, Zimt, Anis, Rohrzucker und die Milch zu einem glatten Teig verarbeiten.
- Nun die Früchte zugeben und mit dem Teig vermischen.
- Das Ghee in einer Pfanne erhitzen und mit einem Kochlöffel etwas von der Teigmasse in die Pfanne geben.
- Die Küchlein von beiden Seiten goldbraun braten und warm mit dem Chutney servieren.

TIPP: Um einen cremig fließenden Teig zu erhalten, empfehle ich aus meiner Erfahrung ein Verhältnis von Mehl zu Flüssigkeit von 1 : 1,2; das heißt 100 g Mehl zu 120 ml Milch, Wasser etc.

Kokosecken auf Birnensalat

kindergarten-getestet

besonders fix

Für die Kokosecken

50 g warme Butter
200 g feine Kokosflocken
3 Eier
50 ml Ahornsirup
1 Apfel
Saft einer Orange
1 Prise Salz
3 EL Mehl

- Den Apfel fein reiben.
- Dann alle restlichen Zutaten in einer Schüssel cremig rühren.
- Die Masse auf ein mit Backpapier ausgelegtes Blech aufstreichen und für 15 Minuten bei 180 °C im Backofen goldbraun backen.
- Rauten oder Ecken daraus schneiden und auf den Salat geben.

Für den Birnensalat

2 Birnen
2 EL flüssiger Honig
3 EL Olivenöl
2 EL Sahne
1 EL Zitronensaft
50 g gehobelte Mandeln

- Für den Salat die Birnen schälen, das Kerngehäuse entfernen und die Birnen in Streifen schneiden.
- Nun den Honig, die Sahne, das Öl und den Zitronensaft vermengen und die Mischung als Dressing über die Birnen geben.
- Zum Schluss den Salat auf die Kokosecken verteilen und mit den gehobelten Mandeln dekorieren.

Zarte Kokosnudeln mit Chili-Früchten und würzigem Chai

optional laktosefrei

optional vegan

besonders fix

150 g Vermicelli-Nudeln oder feine Reisnudeln aus dem Asia-Laden
2 EL Ghee (optional Sonnenblumenöl)
600 ml Kokosmilch
2 EL Rohrzucker
1 kleine rote Chili
Saft einer Orange
1 EL Honig
1 EL Fruchtessig
2 TL rosa Pfefferbeeren
1 Prise Meersalz
200 g Früchte oder Beeren nach Wahl

- Die Nudeln kurz in Ghee anrösten, mit der Kokosmilch aufgießen, den Zucker zugeben und bei niedriger Temperatur unter gelegentlichem Rühren die Flüssigkeit einkochen lassen.
- Die Chili waschen, entkernen und in feine Stücke schneiden.
- Den Orangensaft mit Honig, Essig, Pfefferbeeren und Salz mischen.
- Die Chili zugeben und gut verrühren. Die Früchte ins Dressing geben und 10 Minuten darin marinieren.
- Zum Anrichten die Nudeln auf einen Teller geben und mit den Chili-Früchten garnieren.

Große Teile dieses Buches ließen sich nur mit der Kraft unseres »Zaubertranks« herstellen: Selbstgemachter Chai wärmt nicht nur, er befeuert auch die Kreativität.

Für den Chai

10 Kardamomkapseln
4 getrocknete Nelken
3 Zimtstangen
6 Sternanis
1 TL Pfefferkörner
500 ml Wasser
1 Stück Ingwer, in Scheiben geschnitten
2 EL Rohrzucker
500 ml (Soja-/Reis-/Hafer-)Milch
1 EL schwarzer Tee

- Alle Gewürze bis auf den Ingwer im Mörser grob zerstoßen, in einen Topf geben und 15 Sekunden anrösten.
- Wasser zugießen, Ingwer und Rohrzucker zugeben und alles 3 Minuten sprudelnd kochen lassen.
- Milch und Tee zugeben, nochmals kurz aufkochen.
- Herd auf die kleinste Stufe stellen und den Chai 15 Minuten lang ziehen lassen.
- Anschließend abfiltern und nach Geschmack nachsüßen.

Balance-Akte

Leistung und Verantwortung

Die Zauberworte unserer modernen Gesellschaft heißen »Leistung« und »Verantwortung«. Unsere Effektivität wird überwiegend daran gemessen, ob wir auf den Punkt genau handeln, feste Ziele vor Augen haben, uns erfolgreich der Konkurrenz mit anderen stellen und uns – oft durch hartes Training – Durchsetzungskraft erwerben und Freude empfinden, wenn wir andere übertrumpfen. Leistung, ursprünglich eine Größe aus der Physik, hat mit Normen und ihrer Überschreitung zu tun: Im Sport handelt es sich um einen messbaren Vorsprung, während sich Verantwortliche in der Politik durch das Erkennen gesellschaftlicher Bedürfnisse, durch Überzeugungskraft und Gestaltungswillen profilieren können.

Foto: Mario Felgenhauer/www.xc-ski.de

Leistung und Verantwortung erfordern hohe Ansprüche an uns selbst, Fokussierung auf ein Ziel, eine ausgeklügelte Balance zwischen Anspannung und Loslassen, außerdem Einspüren in den Körper und gute Ernährung, wie uns zwei ausgewiesene Leistungsträgerinnen und Koch-Fans aus Sport und Politik berichteten.
Ortstermin in Kössen/Tirol: Im malerischen Kaiserwinkel zwischen den Chiemgauer Alpen und dem Kaisergebirge hat Evi Sachenbacher-Stehle zum ayurvedischen Essen eingeladen. Abende wie dieser sind für die Doppel-Olympiasiegerin im Langlauf »Seelennahrung« und Ausgleich zur harten Trainingsroutine. Kennengelernt haben wir uns vor den Olympischen Winterspielen 2010 in Vancouver, als ich die mehrfache Medaillengewinnerin in Ernährungsfragen beraten habe. Da die Verpflegung auch in Olympischen Dörfern oft zu wünschen übrig lässt, entwickelten wir ein paar einfache Rezepte für Frühstücksbreie, Waffeln und Bratlinge, die sich Evi und ihr Team mit Hilfe von Thermomix® oder Waffeleisen schnell selbst zubereiten konnten – mit einer kurzen Unterbrechung, als der zusätzlich an den Trafo angeschlossene Föhn den ayurvedischen Genüssen ein vorübergehendes Ende setzte ...

Kurzinterview mit Evi Sachenbacher-Stehle

Was bedeutet für dich Leistung? Wann fühlst du dich in Topform?

Leistung bedeutet für mich, das Maximale aus dem Körper herauszuholen und meine Fähigkeiten optimal zu nutzen. In Topform bin ich, wenn ich spüre, dass einfach alles passt: In so einem Moment fühle ich mich gesund und im seelischen Gleichgewicht – und habe im Idealfall sehr gut gegessen.

Worin besteht für dich die Balance zwischen Anstrengung und Loslassen?

Jedem Auspowern folgt das Runterkommen. Ich gehe an meine Grenzen, in Wettkämpfen manchmal auch absichtlich darüber, um anschließend wieder Ruhe zu finden. Dabei vertraue ich auch auf die natürliche Intelligenz meines Körpers. Ich arbeite immer auf Leistungsspitzen hin. Eine Garantie, dass das immer funktioniert, gibt es aber nicht.

Was heißt »Ruhe« für dich?

Manchmal komplett nichts zu tun, manchmal die Natur zu genießen, mit Freunden zu kochen oder wegzugehen und zu einer »anderen Ruhe« zu kommen.

Verschaffen dir Titelgewinne, also die Bestätigung hoher Leistung, nachhaltiges Glück?

Ich mache meinen Sport aus dem Herzen heraus, er verbindet Beruf und Lebensfreude. Also verspüre ich auf jeden Fall intensives Glück, wenn ich an meine Limits gegangen bin und alles aus mir herausgeholt habe. Weil ich aber ohnehin liebe, was ich tue, wäre ich eventuell genauso glücklich, wenn es nicht zu meinen Titeln gekommen wäre.

OHNE PITTA KEINE SIEGE, ABER ZU VIEL PITTA LÄSST DIE BUTTER SCHMELZEN

Zielstrebigkeit, der absolute Wille zum Sieg, Erfolgshunger und die nötige Prise Aggression sind häufig die Grundvoraussetzung für besonders herausragende Leistungen. In der Tat entscheidet vor allem bei Spitzensportlern im Grenzbereich der letzte Biss über Sieg oder Niederlage. Oft hört man in Interviews dann den Satz: »Mir hat am Ende die nötige Frische und Energie gefehlt.«

Hier kommt dem feurig-hitzigen Pitta-Dosha eine besondere Bedeutung zu. Seine Energie reguliert maßgeblich sämtliche Verdauungsprozesse auf körperlicher und seelischer Ebene. Ein träger, fetter Geist ist beim 100-Meter-Sprint beinahe genauso lästig wie ein träger, fetter Körper. Ohne eine gut funktionierende Verdauung sind somit auf Dauer auch keine besonderen Leistungen möglich. Je schneller ein Sportler eine Niederlage abhaken kann, desto eher kann er sich auf die nächsten Aufgaben fokussieren. Eine schnell arbeitende Müllabfuhr sorgt für saubere Kanäle in Körper und Geist. Nur dadurch ist sichergestellt, dass sich keine Müllberge anhäufen.

Dieses Thema betrifft aber bei weitem nicht nur Spitzensportler. Ohne dass wir etwas spüren, vollbringt unser Körper jeden Tag ein olympisches Marathon-Finale in den Bereichen Entgiftung und Regeneration. Damit diese Abläufe mit der nötigen Energie versorgt werden und problemlos erfolgen können, sind nährende, gut gewürzte Speisen und anregende körperliche Tätigkeiten unerlässlich.

Aber wie immer im Leben: Vorsicht mit der Dosierung! Der Ausdruck »sich ausgebrannt fühlen« – Stichwort »Burnout« – kommt nicht von ungefähr. Eine rücksichtslose Verbissenheit und zu viel unkontrollierte Energie lassen die Ressourcen des Körpers schmelzen wie ein Stück Butter in der Wüstensonne.

Go For Gold mit Ayurveda

Generell habe ich bei meiner Arbeit mit Leistungssportlern eine interessante Beobachtung gemacht. Viele Spitzensportler haben höchst individuelle Trainings- und Leistungskonzepte, die speziell auf sie zugeschnitten sind. Beim Thema Ernährung sieht es dagegen oft anders aus. Es wird zwar empfohlen, sich gesund zu ernähren (was auch immer das heißen mag ...) und nicht zu viel Cola und Burger zu konsumieren, aber das ist oft schon alles. Dabei bietet der Grundgedanke des Ayurveda, jeden Menschen als einzigartiges Individuum zu sehen, gerade Leistungssportlern immenses Potential.

Mit einer angepassten ayurvedischen Ernährung lässt sich der Effekt des spezifischen Trainings nämlich deutlich steigern. Es macht keinen Sinn, dass ein Gewichtheber das gleiche Training absolviert wie ein Langläufer. Warum sollten sie dann vom gleichen Buffet essen? Im Hinblick darauf, wie der Körper die Anforderungen der einzelnen Sportarten verkraftet und wie schnell er wieder regeneriert, ist die Ernährung von elementarer Bedeutung. Ein Rennwagen wird auch nicht mit normalem Benzin betankt, weil die Anforderungen an die Maschine deutlich höher sind.

Leistungssportler haben zwar einen extrem hohen Energiebedarf, aber nicht immer nur Lust auf Berge von Nudeln und Salat. Daher empfehle ich hier ein Rezept aus Evis Vancouver-Repertoire, das genauso viel Power enthält, aber eine interessante Abwechslung darstellt.

Rezeptvorschläge

- Süßer Dal mit Feigen ▶ Seite 47
- Kürbis-Karotten-Suppe mit Basilikum-Minze-Pesto ▶ Seite 93
- Rotes Gemüsecurry mit Orangen-Rosen-Reis ▶ Seite 139

Bewusstsein und Gestaltung

Um kraftvoll für politische Veränderung arbeiten zu können, braucht die Politikerin Petra Merkel Raum für sich und ihre ganz persönlichen Rituale.

Ayurveda ist für sie vor allem »Öl auf die Stirn«. Ihre Einstellung zu sich und anderen Menschen ist jedoch von Umsicht, Interesse und Flexibilität geprägt – und damit Ayurveda pur. Erstes Zeichen hierfür: In ihrem Büro im Berliner Bundestag serviert Petra Merkel Ingwertee. Seit die 63-jährige Mutter und zweifache Oma den Vorsitz des Haushaltsausschusses im Bundestag übernommen hat, ist der Aufguss von wahlweise frischem Ingwer oder einer Ingwer-Teemischung ihr ständiger Begleiter. »Er wärmt und gibt Stehvermögen bei unseren Marathon-Sitzungen, die oft bis zu sechs Stunden dauern und auch nachts stattfinden«, so SPD-Politikerin Merkel (Namensverwandtschaft mit der Bundeskanzlerin rein zufällig). Aus Achtsamkeit mit sich selbst hat sie dem allgegenwärtigen Kaffee abgeschworen und den Catering-Service motiviert, Vollkorn- statt weißer Brötchen und regelmäßig Suppen anzubieten.

In ihrer Funktion beim Haushaltsausschuss ist Petra Merkel für den Etat des Kanzleramts, des Presseamts und des Bundesnachrichtendienstes zuständig. »Nebenbei« ist sie Mitglied in diversen Ausschüssen, Gremien und Vereinen, darunter Präsidentin des Chorverbandes Berlin und Mitglied im Beirat der Berliner Tafel-Stiftung. Als Verwalterin von Milliardenetats, die zusätzlich in vielen Ehrenämtern engagiert ist, verstärkt sich bei ihr die typische Spannung im Leben vielbeschäftigter Menschen: der Balanceakt, neben den öffentlichen Aufgaben den eigenen Raum bewusst zu gestalten. Diesen Raum hat sie sich in den frühen Morgenstunden und in der Mittagspause geschaffen: in Ruhe aufstehen, 15 Minuten Sport, frühstücken, Zeitung lesen, ein Sudoku lösen und den eigenen Rhythmus finden. Dafür hat sie mindestens zwei Stunden eingeplant. Auch das Mittagessen in der Bundestagskantine wählt sie bewusst: meist Salat mit warmer Beigabe oder Reis mit zwei Portionen Gemüse.

Nachdenken, Innehalten und bewusstes Handeln haben nicht nur in der Privatsphäre Bedeutung, sie steuern auch gesellschaftliche Prozesse. So scheinen viele Routinen in

unserem sozialen Umfeld eher unbedacht, regelrecht »unverdaut«. Was kann eine Politikerin tun, um ihre Autorität und Gestaltungskraft auf mehr Achtsamkeit mit sich und anderen zu lenken? »Die Politik im Bundestag passiert nicht im luftleeren Raum: Alles, was wir hier beschließen, hat direkte Auswirkung auf einzelne Menschen, Gruppen und Familien«, lautet Petra Merkels Antwort. »Vieles, zum Beispiel die Relevanz von Bildung und guter Ernährung, muss man aber erst vermitteln – auch dass das, was in der Politik passiert, die Leute angeht.«

In dieser Vermittlungsarbeit ist ihr die direkte Kommunikation sehr wichtig – auch als Möglichkeit, die Eigenverantwortlichkeit der Bürgerinnen und Bürger anzuregen. Ein Fazit ihrer zusätzlichen ehrenamtlichen Arbeit und der Sprechstunden, die sie in ihrem Wahlkreis Charlottenburg-Wilmersdorf anbietet: »Ich informiere mich gerne über die konkreten Anliegen derer, für die ich Lobbyismus betreibe. Als Mitglied des Bundestags kann ich den Menschen viele Türen öffnen und Gesprächspartner vermitteln. Durch diesen Einfluss kann ein Problem schnell gelöst werden. Allerdings ist es mir lieber, dass die Ratsuchenden selbst aktiv werden und die Lösung des Problems ihr Erfolg ist, nicht meiner. Dann habe ich in ihren Augen den Test bestanden, dass in der Politik wirklich etwas passiert.«

Rezeptvorschläge

- Kartoffel-Koriander-Taler mit Karottengemüse ▶ Seite 162
- Kokosecken auf Birnensalat ▶ Seite 51
- Tagliatelle mit Safransauce und grünem Spargel ▶ Seite 144

beflügelnd und streichzart:

Sandwiches to go

Der schnelle Snack zwischendurch ist zwar nicht ganz im Sinne des Ayurveda, aber machen wir uns nichts vor: Wer von uns kann wirklich jeden Tag ausführlich warm frühstücken, mittags frisch kochen und abends die perfekte, leichte Suppe zubereiten? An alle Bewegten unter uns richten sich also die folgenden Vorschläge. Auch wenn es schnell gehen muss, werden die ayurvedischen Aspekte beachtet: warme Qualität durch Antoasten, reizvolle Gewürzmischungen und Sichern der Geschmacksvielfalt. Vorhang auf für die Stulle à la Ayurveda – ein echtes Pausen-Brot.

Fenchel-Apfel-Brötchen mit geröstetem Sesam

besonders fix

Für vier halbe Brötchen

2 Mehrkornbrötchen
1 EL weißer Sesam
1 Fenchelknolle
1 Apfel
1 EL Sesamöl
1 TL Zitronensaft
Je 1 Prise Salz und Pfeffer
1 Becher körniger Frischkäse (150 g)
1 TL milder Senf, gerne auch Fruchtsenf wie Feigen- oder Quittensenf
¼ TL Cayennepfeffer
Salz zum Abschmecken

- Die Brötchen halbieren.
- Den Sesam in einer Pfanne ohne Fett in 3 Minuten goldbraun anrösten.
- Vom Fenchel die grünen Stielansätze abschneiden, die Fenchelknolle halbieren und den festen Mittelstrunk entfernen. Die restliche Knolle in kleine Würfel schneiden.
- Den Apfel halbieren, entkernen und ebenfalls in Würfel schneiden.
- Das Sesamöl in einer Pfanne erhitzen. Fenchel- und Apfelwürfel in 5 Minuten glasig dünsten und mit dem Zitronensaft beträufeln. Zum Schluss leicht mit Salz und Pfeffer würzen.
- Den Frischkäse mit Senf und Cayennepfeffer glatt rühren und mit Salz abschmecken.
- Den Frischkäse auf die Brötchen streichen. Darauf die Apfel-Fenchel-Mischung geben und mit dem Sesam bestreuen.

Feigen-Schnittlauch-Brötchen mit Balsamico-Frischkäse

besonders fix

Für vier halbe Brötchen

2 Mehrkornbrötchen
4 frische Feigen
1 Bund Schnittlauch
1 Becher körniger Frischkäse (150 g)
1 EL Olivenöl
1 TL gemahlener rosa Pfeffer
2 TL getrockneter Liebstöckel
1 TL Balsamico-Essig
2 TL Honig
Salz zum Abschmecken

- Die Brötchen halbieren und die Feigen in dünne Streifen schneiden.
- Den Schnittlauch in feine Ringe schneiden und mit den restlichen Zutaten zu einer glatten Masse verrühren.
- Mit etwas Salz abschmecken, auf die Brötchen streichen und mit den Feigen belegen.
- Die Brötchen bei 150 °C für 5 Minuten in den Backofen geben.

Kichererbsen-Tomaten-»Döner« mit frischem Basilikum

laktosefrei

vegan

kindergarten-getestet

besonders fix

Für vier »Döner«

1 Fladenbrot
1 Fleischtomate (ca. 200 g)
1 kleine rote Chili
1 Bund Lauchzwiebeln
1 TL Fenchelsamen
2 TL scharfes Paprikapulver
1 EL Olivenöl
400 g Kichererbsen aus dem Glas oder der Dose (Abtropfgewicht)
100 ml Gemüsebrühe
500 g passierte Tomaten (Fertigprodukt)
1 EL Rohrzucker
15 Blätter frisches Basilikum
Salz und Pfeffer zum Abschmecken

- Das Fladenbrot vierteln und jedes Viertel so aufschneiden, dass eine Tasche entsteht.
- Die Fleischtomaten vierteln, die Kerne entfernen und die Tomaten in Würfel schneiden.
- Die Chili und die Lauchzwiebeln waschen, beides in feine Streifen schneiden und zusammen mit den Fenchelsamen, den Tomatenwürfeln und dem Paprikapulver 1 Minute auf mittlerer Hitze in dem Olivenöl anbraten.
- Die Kichererbsen abgießen, zu den Tomaten in die Pfanne geben und mit der Brühe sowie den passierten Tomaten auffüllen.
- Den Zucker zugeben, alles gut vermischen und 10 Minuten auf mittlerer Hitze einkochen lassen.
- Das Basilikum in Stücke zupfen, zum Schluss untermischen und mit Salz und Pfeffer abschmecken.
- Anschließend die Masse gleichmäßig in die Fladenbrote verteilen.

Ziegenfrischkäse-Ciabatta mit gerösteten Pinienkernen

besonders fix

Für vier halbe Brötchen

1 EL Pinienkerne
1 Fleischtomate (ca. 200 g)
1 kleine Salatgurke
150 g Ziegenfrischkäse
1 EL Honig
1 EL Olivenöl
1 TL frischer gehackter Thymian
1 TL frischer gehackter Rosmarin
2 Ciabatta-Brötchen, halbiert
1 TL grobes Meersalz

- Die Pinienkerne in einer Pfanne ohne Fett in 5 Minuten goldbraun anrösten.
- Die Tomaten und die Gurke in dickere Scheiben schneiden.
- Den Ziegenfrischkäse mit dem Honig, Öl, Thymian und Rosmarin glatt rühren und auf die Ciabattas streichen.
- Mit den Tomaten und Gurken belegen.
- Anschließend mit den Pinienkernen und dem Meersalz bestreuen und für 5 Minuten bei 150 °C in den Ofen geben.

Mozzarella-Birnen-Brötchen mit frischem Blattsalat

besonders fix

Für vier halbe Brötchen

2 Mehrkornbrötchen
1 Mozzarella-Kugel
1 Birne
1 unbehandelte Zitrone
3 TL gemahlene rosa Pfefferbeeren
¼ TL Chilipulver
2 TL Rohrzucker
3 EL Olivenöl
1 TL grobes Meersalz

Für den Salat

1 EL Olivenöl
1 EL Birnensaft
1 TL Balsamico-Essig
Je 1 Prise Salz und Pfeffer
50 g Blattsalat, gewaschen und geputzt

- Die Brötchen halbieren.
- Den Mozzarella in 8 Scheiben schneiden.
- Die Birne unten am Blütenansatz etwas abschneiden, dann 8 Scheiben abschneiden und die Kerne entfernen.
- Die Schale der Zitrone abreiben. Die Zitrone anschließend auspressen und die Birnenscheiben damit beträufeln.
- Die Zitronenschale mit den Pfefferbeeren, dem Chilipulver und dem Rohrzucker vermischen.
- Die Brothälften gleichmäßig mit dem Olivenöl beträufeln und anschließend mit der Zitronenschalenmischung bestreuen.
- Die Birnenscheiben auflegen und darauf den Mozzarella geben.
- Die Brötchen 10 Minuten bei 180 °C im Backofen überbacken.
- Inzwischen alle Zutaten für das Salatdressing vermischen und den Blattsalat damit anmachen.
- Zum Schluss die Brötchen mit Meersalz bestreuen und den Salat auf den Brötchen verteilen.

Artischocken-Oliven-Sandwich mit getrockneten Tomaten

besonders fix

Für vier Sandwiches

6 Scheiben Vollkorntoast
15 Blätter frisches Basilikum
1 kleiner Bund glatte Petersilie
1 EL milder Senf
3 EL Crème fraîche
Je 1 Prise Salz und schwarzer Pfeffer zum Abschmecken
4 Artischockenherzen aus dem Glas
50 g schwarze, kernlose Oliven
100 g eingelegte getrocknete Tomaten (etwa 6 bis 8 Stück)
1 EL Olivenöl

- Die Toastscheiben goldbraun toasten.
- Basilikum und Petersilie waschen und fein hacken. Beides mit Senf, Crème fraîche, Salz und Pfeffer glatt rühren.
- Artischocken, Oliven und Tomaten fein hacken und 5 Minuten in Olivenöl andünsten.
- Zwei der Toastscheiben mit Senfcreme bestreichen und darauf etwas von der Gemüsemischung geben. Jeweils mit einer Scheibe bedecken. Darauf wieder zunächst die Senfcreme und danach etwas Gemüsemischung geben. Zum Schluss jeweils eine Toastscheibe darauf legen und die beiden Sandwiches diagonal durchschneiden.

Drei Brotaufstriche

laktosefrei

vegan

glutenfrei

besonders fix

Weiße Bohnen mit Lauch und Chili (würzig scharf)

400 g weiße Bohnen aus dem Glas (Abtropfgewicht)
1 kleine Lauchstange
1 kleiner roter Chili
1 EL mittelscharfer Senf
100 ml Olivenöl
1 TL Salz
1 TL Rohrzucker
Saft einer Zitrone
1 EL Sonnenblumenöl zum Anbraten

- Die Bohnen abgießen und abspülen.
- Den Lauch und den Chili in feine Ringe schneiden.
- Öl in einer Pfanne erhitzen. Die Bohnen, den Lauch und den Chili 3 Minuten darin andünsten.
- Danach alle Zutaten in ein hohes Gefäß geben und zu einer cremigen Masse pürieren.

Artischocke-Sonnenblume mit frischem Rosmarin (süßlich mild)

50 g Sonnenblumenkerne
150 ml heißes Wasser
1 kleiner Zweig Rosmarin
300 g eingelegte Artischockenherzen aus dem Glas (Abtropfgewicht)
1 EL süßer Senf
Saft einer Orange
½ TL Salz
½ TL schwarzer Pfeffer

- Die Sonnenblumenkerne mit heißem Wasser übergießen und eine Stunde einweichen lassen. Das Wasser abgießen.
- Die Rosmarinnadeln fein hacken.
- Anschließend alle Zutaten zu einer cremigen Masse pürieren.

Olive-Grüner Spargel mit Kürbiskernen und Feige (herb erfrischend)

100 g grüner Spargel
4 getrocknete Feigen
200 g schwarze entsteinte Oliven
50 g Kürbiskerne
1 TL Rohrzucker
Saft einer Orange
2 TL mittelscharfer Senf
3 EL Sonnenblumenöl

- Vom Spargel zuerst die trockenen Enden abschneiden und ihn dann in Stücke schneiden.
- Die Feigen in Streifen schneiden.
- Den Spargel, die Oliven, die Feigen und die Kürbiskerne 5 Minuten in Öl auf mittlerer Hitze anbraten.
- Anschließend alle Zutaten zu einer cremigen Masse pürieren.

Schoko-Kokos-Creme
(saulecker vegan!)

laktosefrei

vegan

glutenfrei

kindergarten-getestet

besonders fix

50 g Kokosflocken
50 g Kokosfett (Palmin®)
400 g Seidentofu
100 ml Agavendicksaft
3 EL Kakaopulver

TIPP: In einem verschlossenen Behältnis lassen sich die Aufstriche eine Woche im Kühlschrank aufbewahren.

- Die Kokosflocken in einer Pfanne ohne Fett goldbraun anrösten.
- Das Kokosfett in einer Pfanne schmelzen und anschließend mit den restlichen Zutaten cremig pürieren.
- Schmeckt fantastisch – als warme Schokocreme oder auch als süßer Brotaufstrich! Für Letzteren die Creme auskühlen lassen und dann in den Kühlschrank stellen.

Vata: Treibstoff des Lebens

Vata ist von allen drei Doshas das kraftvollste. Vata ist die Dynamik, die alle Prozesse in Gang bringt. Es bewirkt die Übertragung der Nervenimpulse, es aktiviert die Muskeltätigkeit, regt aber auch Geist und Sinne an und verhilft zu Kreativität. Vata steuert alle Aktivitäten. Es ist der Wind, der die Segel des Lebens aufbläht. In der Kurzform heißt das: Ohne Vata geht gar nichts.
Wo Vata ist, ist jedoch auch Stress nicht weit. In unserer von Hektik geprägten Zeit kann uns die einfache Elementenlehre des Ayurveda helfen. Denn Stress ist nichts anderes als Vata im Überschuss. Unseren modernen Lebensstil kann man mit einem Spielkreisel vergleichen, den man so lange anpeitscht, bis er sich entweder überschlägt oder beinahe abhebt.

Wie bereits im Überblick über die Doshas (Seite 26) beschrieben, stehen hinter Vata Eigenschaften wie trocken, kalt, bewegt, rau und dynamisch. Um das ungesunde Vata-Übermaß zu beruhigen, sollte man auf die andere Seite der Waage Eigenschaften legen, die von entgegengesetzter Qualität sind, also befeuchtend, warm, entspannt, weich und möglichst statisch. Solche Eigenschaften kann eine warme Gemüsesuppe bieten, aber auch eine Fußmassage mit warmem Sesamöl, gedämpftes Licht, beruhigende Musik oder entspannende Literatur.

Ein kleines Beispiel aus dem Alltag: Ein leitender Angestellter in einem weltweit tätigen Unternehmen, im Regelfall mit einem 12-Stunden-Tag und mit einer vollgepackten Vielflieger-Karte ausgestattet, auf der sich genug Meilen angesammelt haben, um jährlich zweimal um die Welt zu fliegen. Leider steht ihm aber keine Zeit zur Verfügung, um sie abzufliegen.

Ein regelmäßiger Tagesablauf gehört für ihn seit Jahren ebenso der Vergangenheit an wie eine geregelte Ernährung oder ein Privatleben. Dafür kennt er – es kann sich natürlich auch um eine *Sie* handeln – diverse Coffee-To-Go-Barkeeper zwischen Helsinki und Neu Delhi. Hotels sind zur zweiten Heimat mutiert. Nach einem anstrengenden Arbeitstag geht es um 22 Uhr noch ins Fitness-Studio auf den Stepper, natürlich mit TV-Untermalung, um dann im Anschluss um Mitternacht einen leichten, »gesunden« Salat mit gekühltem, kohlensäurearmem Mineralwasser zu sich zu nehmen. Zu guter Letzt liest man doch noch ein paar Zeilen in dem in der Flughafen-Buchhandlung gekauften Krimi, um dann ganz sanft unter Begleitung des Fernsehers in die erste von mehreren Schlafphasen der Nacht zu entschwinden.

An dieser Stelle lohnt sich ein kleiner Ausflug in die Yoga-Philosophie. Patanjali, einer der größten Yogaphilosophen und gewissermaßen ein Vordenker der modernen Psychologie, hat bereits vor mehr als 1500 Jahren eine sehr kluge Entdeckung gemacht.

Gleich zu Beginn seiner Vers-Sammlung, den sogenannten Yoga-Sutren, beschreibt

er die Essenz des Yoga als »Beherrschung der Fluktuation im Bewusstsein«.
Anders gesagt: Yoga gibt mir die Sensibilität und das Bewusstsein, mit wie viel Kraft ich den Kreisel anpeitsche. Er sagt nicht: Mit Yoga kann ich den Kreisel zum Stillstand bringen. In diesem Fall wäre ich ein Heiliger oder tot. Patanjali war sich sehr wohl bewusst, dass sich in unserem Kopf eigentlich immer ein Kreisel dreht. Entscheidend ist nur, wer die Kontrolle darüber hat, meine Außenwelt oder ich selbst.
Im Sanskrit, der heiligen Sprache des Hinduismus, in dem die traditionellen Schriften des Yoga verfasst sind, hat ein Wort oft viele Bedeutungen. So bedeutet »Yoga« unter anderem »Einheit« und »Verbindung«, aber auch »unter das Joch bringen« oder »Anspannen«. Ich mag dieses Bild, denn ein Joch ist nichts Negatives, sondern sorgt dafür, dass der Bauer den Ochsen, der immense Kraft in sich trägt, dahin lenkt, wohin er gehen soll.
Da sitzen wir also auf dem Kutschbock und haben dank des Jochs die Möglichkeit, unseren Geist, diese immense Kraft, in eine gewisse Richtung zu lenken, damit er nicht alles niedertrampelt und zerstört – wozu er durchaus in der Lage ist, wenn er außer Kontrolle gerät.
Aber um ihn zu lenken braucht es Hilfsmittel. Im Yoga nutzt man vor allem die Asanas, die körperlichen Übungen, dazu, um über die Bewegung und die Atmung einen Zugang zum Geist zu finden. In diesem Sinne kann alles zum Yoga werden, wenn es mit der richtigen Intention und dem nötigen Bewusstsein passiert. Im Prinzip ist Kochen eine Art Küchenyoga: ein Weg, den Geist zu beruhigen und das Bewusstsein zu schärfen. Und wenn in einem rastlosen Alltag hin und wieder keine Zeit für Küchenyoga ist, schlage ich hier ein paar Rezepte für nährende, mit spannenden Gewürzen angereicherte Sandwiches vor, die etwas mehr Vorbereitungszeit als die berühmte Käsestulle brauchen, dafür aber auch die Pendlerfahrt im Zug oder die Warteschlange vor dem Check-In zur bewussten Zeit mit sich selbst gestalten können.

»Dazusitzen und eine Pause zu haben – man muss vorher da sein, aber man kann dann nirgends hin – das ist quasi geschenkte Zeit.«

Angela Schanelec, Regisseurin des Flughafen-Films »Orly«

Im Transit: Vata als westlicher Lebensstil

Die Mobilität unserer modernen Gesellschaft fordert die individuelle Standfestigkeit und Erdung des einzelnen Menschen auf vielfache Weise heraus. Flughäfen verkörpern den Transit, in dem wir uns – ob Vielflieger oder nicht – permanent befinden. Wir sind nicht mehr zu Hause und noch nicht angekommen. Irgendwo zwischen Herkunft und Ziel hängen wir fest. Wir kennen uns nicht, aber warten gemeinsam. Wartehallen und Lounges sind Knotenpunkte der modernen Umtriebigkeit, durch Reisepläne verordnetes Verharren im flüchtigen Moment: Hier wird das Tempo unserer Gesellschaft zugleich langsamer und dichter. Gleichzeitig bieten Reisen die Chance der Annäherung. Gemeinsame Ziele verbinden Menschen, die sonst aneinander vorbei leben würden.

Tipp für einen erholsamen Schlaf nach einem stressigen Tag
Lauwarmes Sesamöl ist aufgrund seiner schweren Energie ein hervorragendes Mittel, um die Vata-erhöhende Wirkung von ständigen Reisen abzumildern. Also ab sofort immer eine kleine Flasche Sesamöl einpacken. Vor dem Zu-Bett-Gehen kann eine Fußmassage mit warmem Sesamöl kleine (Schlaf)wunder bewirken!

Interview mit Berufs-Globetrotter Alexander Nedelchev

Weltweit als Unternehmensberater tätig, sieben Sprachen gut bis fließend, Alpinsportler, Yoga-Fan und Feinschmecker: Alexander Nedelchev ist Vice President Corporate Development bei der international agierenden Firma Barkawi Holding.
Ein typischer Travel Schedule in Europa hat für ihn folgenden Ablauf:
Montag: München – Moskau
Mittwoch: Moskau – Frankfurt, Frankfurt – London
Donnerstag: London – Wien
Samstag: Wien – München
Außerhalb Europas ergibt sich oft folgender Zeitplan:
Sonntag: München – Hong Kong
Mittwoch: Hong Kong – Seoul
Donnerstag: Seoul – Schanghai
Samstag: Schanghai – München
In der Regel ist Alexander Nedelchev vier Tage die Woche unterwegs, also vier bis acht Mal »up in the air«.

Welche Auswirkungen hat es auf Ihr Selbstverständnis, Ihre Weltsicht und auch auf Ihre Gesundheit, regelmäßig die Grenzen von Raum und Zeit aufzuheben und weltweit tätig zu sein?

Ich bin in einer sehr internationalen Familie geboren worden – und war seit meiner Kindheit immer mit anderen Kulturen, Sprachen und Völkern in Verbindung. Mein Sternzeichen Zwilling erlaubt es mir sehr gut, in »verschiedenen« Welten unterwegs zu sein.

Wenn ich reise, sehne ich mich nach meinem Zuhause. Doch sobald ich einige Zeit zu Hause bin, will ich wieder unterwegs sein und in der Welt aufgehen. Meine Gesundheit leidet schon unter diesem Rhythmus, da ich oft viele Städte und Länder hintereinander bereise – das alles in Kombination mit beruflicher und zeitlicher Anspannung: Termine, Vorbereitung und Tagesgeschäft mit ständiger kommunikativer Anbindung. Zwischendrin sind Langstreckenflüge auch nicht gerade hilfreich, insbesondere wenn der Aufenthalt nur wenige Tage dauert und man den Jetlag erst gar nicht überwindet. Wenig Schlaf, unregelmäßiges, zu spätes und teils ungesundes Essen und trockene Luft in Flugzeugen und Hotels tun ihren Rest dazu. Und leider hat man selten die Möglichkeit, mit Geschäftspartnern oder Kollegen »seine« Küche zu genießen. Besonders als Vegetarier ist das nicht einfach.

Flughäfen, Lounges, Restaurants, Konferenzräume – Orte des Transits. Wie empfinden Sie diese Räume? (Wie) kann es gelingen, in diesem weltweit standardisierten Umfeld nachhaltige persönliche Kontakte herzustellen?

Je nachdem, in welcher Branche man tätig ist, und auf welchem Niveau man es mit Geschäftspartnern und Kollegen zu tun hat,

ist das sehr unterschiedlich. Es gibt Branchen, in denen das Budget großzügiger ist und man sich in 5-Sterne-Hotels aufhält, in Top-Restaurants isst und fehlerfreien Service erhält. Als Vielflieger genießt man auch einen Status, der Zugang zu Lounges erlaubt, die durchaus schön sein können und wenigstens einen Ruhepol am Flughafen darstellen.
Leider sind Konferenzräume oft nicht sehr hell, ohne Tageslicht und vor allem häufig unpersönlich. Was die Kontaktpflege angeht, passiert dies – sofern es nachhaltige Kontakte sind – doch in persönlicherem Rahmen, etwa beim Dinner.

Haben Sie genug Zeit, Elemente der anderen Kulturen intensiv wahrzunehmen?

Ja, beispielsweise fahre ich in Moskau immer Metro. So sehe und spüre ich, was die Stadt ausmacht. In Indien esse ich gerne an Straßenständen und fahre Rikscha. Bei jeder Gelegenheit gehe ich mit dem Team oder Kollegen mittags oder abends in ihre bevorzugten Läden. Wenn ich Zeit habe, besuche ich die wichtigsten Plätze, Kirchen, Tempel oder Museen oder gehe abends einfach spazieren.

Haben Sie persönliche Routinen, die Sie überallhin mitnehmen können und die Ihnen die Umgewöhnung an andere Zeit-, Klima- und Arbeitssituationen erleichtern?

Ich versuche schon im Flieger die Destinationszeit anzunehmen und in den Rhythmus zu kommen. Leider muss ich oft noch arbeiten oder nutze die Gelegenheit, Filme anzusehen. Das Klima-Thema ist sehr schwierig, insbesondere da ich zu 99,9 Prozent in geschlossenen Räumen tätig bin. Dort ist es immer viel zu kalt und trocken. Angenehmerweise muss ich mich nicht wirklich an die Arbeitssituation anpassen. Ich fühle mich eigentlich überall wohl. Sofern es nicht unangenehme Verhandlungen sind, finde ich das Arbeiten mit Menschen toll.

Welche Art von Konstanten gibt es in Ihrem Leben, und wie wichtig sind sie?

Die wichtigste Konstante in meinem Leben ist meine Frau, die ebenfalls permanent unterwegs ist. Wir sind wie ein Lebenssystem und sehr eng verbunden. Egal, in welcher Zeitzone wir uns jeweils befinden, es gibt eines, was wir immer machen: Wir rufen uns an und sagen Gute Nacht oder sprechen kurz, wenn einer von uns aufwacht. Sonst sind SMS, Skype und E-Mail wunderbar, um à jour zu sein.

Welche Rolle spielt bei alldem die Ernährung?

Tja. Ehrlich gesagt sollte sie eine wesentlich höhere Rolle spielen, als sie es tut. Wenn ich nicht in Indien, Südostasien oder an den Küsten Nordamerikas unterwegs bin, ist es schwer, vegetarische, vegane oder gar ayurvedische Küche zu finden. Oft bleiben da nur die vermeintlich »leichten« Speisen: Salat & Co. – was entweder langweilig oder zu später Stunde auch schwer verdaulich ist.

In der Tat ist die Lebensweise von Alexander ernährungstechnisch eine echte Herausforderung. Vor allem bei stressiger Arbeit mit ständigem Orts- und Kulturenwechsel sind beruhigende und erdende Rezepte angebracht. Optimal sind sie, wenn sie sich unproblematisch als Lunchpakete überall verzehren lassen. Also nur Mut und keine Scheu, die Tupperdose in der Senator Lounge auszupacken!

Rezeptvorschläge

- Rote-Linsen-Blinis mit mildem Pflaumen-Sternanis-Chutney ▶ Seite 80
- Mozzarella-Birnen-Brötchen mit frischem Blattsalat ▶ Seite 66
- Obstküchlein mit Mango-Chutney ▶ Seite 50

Tipp zum Thema Kaffee

An dieser Stelle sei noch einmal auf die Koffein-neutralisierende Wirkung von Kardamom hingewiesen. Vor allem bei langen Konferenzen kann sich oft ein erheblicher Kaffeekonsum ergeben.

verlockend:

Vorspeisen und Partyfood

Diese ayurvedischen Starter, die sich auch auf jedem Party-Buffet sehen lassen können, sind bunt, kreativ und universell einsetzbar. Im Ayurveda ist alles möglich. Datteln treffen auf Minze und rosa Pfeffer, Salatgurken auf kandierte Früchte, mittendrin ein Malzbierbrot und dazu bayerischer Obazda.
Ein traditionelles Festmahl im Ayurveda besteht – in Anlehnung an die mystische Zahl 108 – aus ebenso vielen Gängen. Ganz so viel müssen es natürlich nicht sein, aber nur Mut zur Variation. In der Küche wie im Leben!

Datteln mit Ziegenfrischkäse auf Rucola-Trauben-Salat

glutenfrei

besonders fix

Für die Datteln

8 Datteln
50 g Ziegenfrischkäse
10 Blatt Minze, klein gezupft
1 EL Honig
1 EL Walnüsse, fein gehackt
1 TL gemahlener rosa Pfeffer
1 Prise Salz
½ TL gemahlener Zimt

- Die Datteln aufschneiden und entkernen.
- Den Frischkäse mit Minze, Honig, Nüssen, Pfeffer und Salz glatt rühren und in die Datteln füllen.
- Etwas Zimt darüberstreuen.
- Die Rucola waschen.
- Das Öl mit Essig, Zucker, Salz und Pfeffer mischen.
- Rucola und Trauben mit dem Dressing vermischen und die Datteln auf dem Rucola-Trauben-Salat anrichten.

Für den Rucola-Trauben-Salat

200 g Rucola
Je 100 g rote und weiße kernlose Trauben
3 EL Olivenöl
1 EL Balsamico-Essig
1 Prise Zucker
Salz und Pfeffer zum Abschmecken

KÄSE …

… spielt im Ayurveda keine große Rolle, da seine Gewinnung mit Schimmelbildung zusammenhängt. Milchprodukte werden also im größtmöglichen »Urzustand« bevorzugt, wozu im weitesten Sinne auch Frischkäse (in Indien als Paneer bekannt) zählt. Bei seiner traditionellen Herstellung wird lediglich Milch mit Zitronensäure versetzt. Der dann geronnene Frischkäse wird in einem Tuch zum Abtropfen aufgehängt und anschließend ausgedrückt.

Rote-Linsen-Blini mit mildem Pflaumen-Sternanis-Chutney

optional laktosefrei

optional vegan

glutenfrei

Für das Chutney

10 Pflaumen
1 EL Sonnenblumenöl
1 TL gehackter Ingwer
Saft einer Zitrone
2 TL Rohrzucker
4 Stück Sternanis
1 Prise Salz
250 ml Fruchtsaft nach Wahl und Verfügung

- Die Pflaumen waschen, halbieren, entkernen und erneut halbieren.
- Das Öl in einer Pfanne erhitzen. Den Ingwer und die Pflaumen unter Zugabe von Zitronensaft und Zucker 5 Minuten andünsten.
- Alle weiteren Zutaten beifügen und auf mittlerer Hitze 10 Minuten einkochen lassen.

Für ca. 20 Blini

200 g rote Linsen
1 Becher Naturjoghurt (optional Sojade)
4 EL Rohrzucker
150 g Reismehl oder Roggenmehl
½ TL Backpulver
2 TL Zimtpulver
2 Eier (optional 2 TL Pfeilwurzelmehl)
Mark von 2 frischen Vanilleschoten
½ TL Anispulver
200 ml Sonnenblumenöl zum Ausbacken

- Die Linsen mehrmals durchwaschen, bis das Wasser klar ist.
- Anschließend mit kochendem Wasser übergießen und 1 Stunde ziehen lassen.
- Das Wasser abgießen und die Linsen unter Beigabe des Joghurts zu einem sämigen Teig pürieren.
- Alle weiteren Zutaten in den Teig geben und gut verrühren.
- Öl in einer Pfanne erhitzen, den Teig esslöffelweise in die Pfanne geben und die Blini von beiden Seiten goldbraun backen.
- Die Blini schmecken leicht lauwarm am besten!

Dattel-Pinienkern-Bällchen mit Mozzarella und Rucola-Basilikum-Pesto

glutenfrei

besonders fix

Für die Bällchen

1 EL Pinienkerne
6 frische Datteln
1 kleine Kugel Mozzarella

Für das Pesto

200 g Rucola
20 Blätter Basilikum
2 EL Pinienkerne
100 ml Olivenöl
Saft einer Zitrone
1 TL gemahlener rosa Pfeffer
1 TL Rohrzucker
½ TL Salz

- Die Pinienkerne für Bällchen und Pesto in einer Pfanne ohne Fett anrösten, dann grob hacken.
- Die Datteln halbieren, entkernen, fein hacken und zusammen mit den Pinienkernen zu einer geschmeidigen Masse kneten.
- Daraus walnussgroße Bällchen formen und diese in kleine Souffléformen geben.
- Den Mozzarella in Würfel schneiden und auf den Kugeln in den Förmchen verteilen.
- Die Förmchen für 5 Minuten bei 180 °C in den Backofen geben.
- Für das Pesto Rucola und Basilikum waschen, trocknen und grob vorschneiden.
- Mit allen anderen Zutaten in einen Mixer geben, zu einem feinen Pesto pürieren und jeweils einen Teelöffel davon über die Bällchen geben.

TIPPS

- Wenn man sich schon die Arbeit macht, Pesto selbst herzustellen, empfiehlt es sich, gleich etwas mehr zu machen. Gekühlt hält sich Pesto mehrere Tage im Kühlschrank.
- Den reinsten Geschmack erhält Pesto durch möglichst wenig Kontakt mit Metallen. Wer also die Ambition und Muße dazu hat, sollte sich einen Steinmörser besorgen, die Zutaten von Hand mörsern und das Olivenöl erst zum Schluss untermischen.
- Zur Bearbeitung frischer Kräuter empfehle ich generell die Investition in ein Keramikmesser. Dadurch wird eine mögliche Geschmacks- und Farbbeeinträchtigung durch zu schnelles Oxidieren verhindert.

Selbstgebackenes Fenchel-Malzbier-Brot mit Haselnüssen, dazu Obazda aus Ziegenfrischkäse

Für das Brot

500 g Bio-Bauernbrot-Backmischung
350 ml Malzbier
Je 1 EL Fenchel-, Kümmel- und Anis-Samen
50 g getrocknete Tomaten, gehackt
50 g gemahlene Hasel- oder Walnüsse

> **TIPP**
> 1 TL Schabzigerklee (in gut sortierten Gewürzhandlungen erhältlich) zugeben. Der Bergwiesenklee gibt dem Brot eine leichte grüne Färbung und verleiht ihm einen herrlich frischen Duft nach gemähten Almwiesen.

- Alle Zutaten mit einem Rührgerät 5 Minuten auf mittlerer Stufe, dann nochmals 2 Minuten auf höchster Stufe kneten.
- Den Teig anschließend 40 Minuten an einem warmen Ort gehen lassen: Dafür den Backofen auf 50 °C vorheizen, abschalten, den Teig hineingeben und die Schüssel mit einem nassen Tuch bedecken.
- Danach den Teig nochmals von Hand durchkneten, zu einem runden Laib formen und auf ein mit Backpapier ausgelegtes Blech legen und weitere 30 Minuten gehen lassen.
- Die Oberseite des Brotes über Kreuz einschneiden.
- Den Backofen auf 250 °C vorheizen und eine Schüssel Wasser hineinstellen.
- Das Brot in den Ofen geben und 10 Minuten bei 250 °C anbacken, damit es eine schöne Kruste bekommt.
- Anschließend die Hitze auf 190 °C reduzieren und das Brot in weiteren 30 Minuten fertig backen.

Obazda

300 g Ziegenfrischkäse
1 Bund gemischte frische Kräuter, z. B. für Frankfurter Grüne Sauce (siehe Seite 134)
1 kleines Bund Lauchzwiebeln, gehackt
1 EL Kümmel
1 TL edelsüßes Paprikapulver
1 Prise Cayennepfeffer
1 EL Olivenöl
1 EL Orangensaft
1 TL Blütenhonig
½ TL Salz

- Die Kräuter waschen und fein hacken.
- Die Lauchzwiebeln unter Zugabe von Kümmel, Paprikapulver und Cayennepfeffer in wenig Fett glasig dünsten.
- Anschließend alle Zutaten in einer Schüssel zu einer geschmeidigen Masse verarbeiten.
- Bei Bedarf mit Salz und schwarzem Pfeffer abschmecken.

Gurkenschiffchen mit Kräuterquark, kandierten Früchten und einer Balsamico-Birnen-Reduktion

glutenfrei

besonders fix

1 Salatgurke
200 g Frischkäse
2 EL Orangensaft
1 Bund frische Kräuter (Dill, Petersilie etc.), gehackt
1 Birne
1 EL Ghee
2 EL Zucker
200 ml Birnensaft
1 EL Balsamico-Essig
Salz und Pfeffer zum Abschmecken

- Die Gurke schälen, längs halbieren und die Kerne entfernen.
- Den Frischkäse mit 2 Esslöffel Orangensaft, den Kräutern, Salz und Pfeffer vermischen.
- Die Birne schälen, halbieren, entkernen und in Würfel schneiden.
- Das Ghee in einer Pfanne erhitzen, die Birnenwürfel scharf anbraten, dann die Hitze reduzieren.
- Jetzt den Zucker, Birnensaft und Essig zugeben. Den Saft in 5 Minuten einkochen lassen.
- Mit Salz und Pfeffer abschmecken.
- Den Frischkäse in die Gurkenhälften einfüllen, die Gurken in mundgerechte Stücke schneiden und etwas von der Essig-Birnen-Reduktion darübergeben.

Süßkartoffelpüree mit gebratenem Pfeffer-Apfel

glutenfrei

Für das Süßkartoffelpüree

750 g Süßkartoffeln
1 rote Zwiebel
1 EL Ghee
1 TL Rohrzucker
100 ml Gemüsebrühe
100 ml Milch
⅓ TL Muskat
Salz und Pfeffer zum Abschmecken

Für den Pfeffer-Apfel

1 Apfel
1 TL Ghee
1 TL frisch gemahlener Pfeffer

- Die Süßkartoffeln schälen, waschen und in kleine Stücke schneiden.
- Die Zwiebel in feine Würfel schneiden.
- Das Ghee in einem Topf erhitzen, die Zwiebel zusammen mit dem Zucker kurz anbraten.
- Süßkartoffeln, Gemüsebrühe und Milch zugeben. Die Süßkartoffeln bei geschlossenem Deckel unter gelegentlichem Rühren in 15 Minuten weich kochen.
- Die fertig gekochten Süßkartoffeln abgießen, stampfen und dann mit Salz, Pfeffer und Muskat abschmecken.
- Das Süßkartoffelpüree mit einer Spritztülle gleichmäßig in vier nicht so hohe Gläser füllen.
- Den Apfel halbieren, entkernen und in dünne Scheiben schneiden.
- In heißem Ghee 2 Minuten anbraten, mit Pfeffer bestreuen und auf das Püree geben.

herzerwärmend:

Suppen

Bunt, warm, flüssig und nahrhaft: Suppen sind ayurvedische Allrounder. Die Seele liebt ihre Wärme, der Gaumen die spannenden Geschmackskombinationen und das Verdauungsfeuer die leicht verwertbare Darreichungsform. Zu jeder Tages- und Nachtzeit genießbar!

»Der Magen eines gebildeten Menschen hat die besten Eigenschaften eines edlen Herzens: Sensibilität und Dankbarkeit.«

ALEXANDER SERGEJEWITSCH PUSCHKIN

Kokos-Kürbis-Cremesuppe in drei verschiedenen Dosha-Varianten

optional laktosefrei

optional vegan

glutenfrei

Grundrezept

1 kg Hokkaido-Kürbis
6 EL Sesamöl
1 EL Senfkörner
1 rote Chili, gehackt
1 Stange Lauch, in dünne Scheiben geschnitten
1 EL süßes Paprikapulver oder Currypulver
½ TL Muskatnuss
1 Liter Gemüsebrühe
400 ml Kokosmilch
Saft einer Orange
Salz und Pfeffer zum Abschmecken

- Den Kürbis waschen, halbieren, die Kerne entfernen und das Fruchtfleisch mitsamt der Schale klein schneiden.
- Das Sesamöl in einem Topf erhitzen, Senfkörner zugeben und einen Deckel auf den Topf geben, bis die Körner aufhören zu springen.
- Chili, Lauch, Paprikapulver, Muskat und Kürbisstücke zugeben und 5 Minuten andünsten.
- Die Gemüsebrühe und die Kokosmilch zugeben und auf mittlerer Hitze 20 Minuten köcheln lassen.
- Die Suppe pürieren. Orangensaft zugeben, mit Salz und Pfeffer abschmecken.

Fruchtiges Vata

- Je 1 getrocknete Feige klein schneiden und in jede Suppenportion geben.

Grün-würziges Kapha

2 grüne Chilis, entkernt und gehackt
1 Stange Zitronengras, fein gehackt
½ TL gemahlener Koriander
4 Kaffir-Limettenblätter, gehackt
(alternativ die abgeriebene Schale einer Limette)
½ TL gemahlener Kreuzkümmel
1 TL frischer gehackter Ingwer
½ TL Salz

- Alle Zutaten im Mörser zerstoßen oder in einem Mixer fein pürieren und in die Suppe geben.

Kräutriges Pitta

100 ml Milch (optional Sojamilch)
1 kleines Bund gemischte frische Kräuter, z. B. für Frankfurter Grüne Sauce (siehe Seite 134)
1 Prise Salz
1 Prise Pfeffer

- Die Milch in einem kleinen Topf erhitzen, sie sollte aber nicht kochen!
- Die Kräuter fein hacken und zur Milch geben.
- Mit Salz und Pfeffer abschmecken.
- Die warme Milch-Kräuter-Mischung mit dem Pürierstab aufschäumen und den Schaum auf die Suppe geben.

Kartoffel-Papaya-Cremesuppe

glutenfrei

750 g Kartoffeln
1 große Papaya
2 rote Zwiebeln
2 EL Ghee
2 grüne Chilis, gehackt
1 EL edelsüßes Paprikapulver
1 EL frischer gehackter Ingwer
½ TL Muskatnuss
1 Prise Asafötida
1,2 Liter Gemüsebrühe
Salz und Pfeffer

- Die Kartoffeln schälen, längs halbieren und in Scheiben schneiden.
- Die Papaya halbieren, entkernen und mit einem Löffel das Fruchtfleisch aus der Schale lösen.
- Die Zwiebeln schälen und in Würfel schneiden.
- Das Ghee in einem Topf erhitzen. Zwiebeln, Chili und Ingwer 3 Minuten lang glasig dünsten.
- Kartoffeln, Papaya, Muskatnuss, Paprikapulver und Asafötida zugeben und alles gut vermischen.
- Die Gemüsebrühe zugießen und zum Kochen bringen. Die Hitze reduzieren und die Suppe 15 Minuten köcheln lassen.
- Dann grob pürieren und mit Salz und Pfeffer abschmecken.

Kürbis-Karotten-Suppe mit Basilikum-Minze-Pesto

optional laktosefrei

optional vegan

glutenfrei

Für die Suppe

750 g Hokkaido-Kürbis
4 Karotten
1 EL frischer gehackter Ingwer
1 EL Ghee (optional 2 EL Sonnenblumenöl)
1 TL gemahlener Kurkuma
½ TL gemahlene Muskatnuss
Saft von zwei Orangen
2 TL gemahlene rosa Pfefferbeeren
1,5 Liter Gemüsebrühe
Salz und Pfeffer zum Abschmecken

- Den Kürbis waschen, halbieren, entkernen und grob in Stücke schneiden.
- Die Karotten waschen, schälen und in Scheiben schneiden.
- Beides zusammen mit dem Ingwer in Ghee glasig dünsten.
- Kurkuma, Muskatnuss, Orangensaft und Pfeffer zugeben und alles gut vermischen.
- Die Gemüsebrühe zugeben und 20 Minuten köcheln lassen.
- Vor dem Servieren grob pürieren, mit Salz und Pfeffer abschmecken.

Für das Pesto

50 g Erdnüsse
20 Basilikumblätter
Blätter von 3 Minzezweigen
100 ml Olivenöl
1 TL gemahlener Pfeffer
1 TL Rohrzucker
½ TL Salz
Saft einer Zitrone

- Die Nüsse in einer Pfanne ohne Fett anrösten.
- Alle Zutaten in ein hohes Gefäß geben und pürieren. Wer es stilecht möchte, kann die Zutaten natürlich auch in einem Mörser verarbeiten.
- Mit einem Esslöffel etwas von dem Pesto in die Suppe geben.

Paprika-Apfel-Suppe

glutenfrei

3 rote Paprika
2 Äpfel
500 g Kartoffeln
1 Bund Lauchzwiebeln
3 EL Ghee
2 kleine rote Chilis, gehackt
1 TL Garam Masala
1 Prise Asafötida
1,2 Liter Gemüsebrühe
1 EL gehackter frischer Oregano
Salz und Pfeffer zum Abschmecken

- Die Kartoffeln schälen, längs halbieren und in Scheiben schneiden.
- Die Lauchzwiebeln waschen und in Ringe schneiden.
- Die Äpfel schälen, entkernen und klein schneiden.
- Die Paprika waschen, vierteln und in Streifen schneiden
- Das Ghee in einem Topf erhitzen, Chilis und Lauchzwiebeln 3 Minuten lang glasig dünsten.
- Kartoffeln, Paprika, Äpfel, Garam Masala sowie Asafötida zugeben und alles gut vermischen.
- Die Gemüsebrühe zugießen und zum Kochen bringen. Die Hitze reduzieren und die Suppe 15 Minuten köcheln lassen.
- Anschließend grob pürieren und den Oregano zugeben. Mit Salz und Pfeffer abschmecken.

Avocado-Mais-Cremesuppe

glutenfrei

4 Avocados
2 EL Ghee
2 kleine grüne Chilis, gehackt
1 Bund Lauchzwiebeln
1 EL frischer gehackter Ingwer
200 g Mais (Abtropfgewicht)
1 EL mildes Currypulver
1,2 Liter Gemüsebrühe
Saft einer Orange
1 TL edelsüßes Paprikapulver
2 EL Rohrzucker
1 EL Crema di Balsamico
Salz und Pfeffer

- Die Avocados halbieren und das Fruchtfleisch aus der Schale lösen.
- Die Lauchzwiebeln waschen und in Ringe schneiden.
- Das Ghee in einem Topf erhitzen. Chilis, Lauchzwiebeln und Ingwer in 3 Minuten glasig dünsten.
- Avocado, Mais, Curry, Zucker und Paprikapulver zugeben und alles gut vermischen.
- Gemüsebrühe und Orangensaft zugießen, zum Kochen bringen.
- Die Hitze reduzieren und 15 Minuten köcheln lassen.
- Die Suppe vor dem Servieren grob pürieren und danach den Balsamico unterrühren.
- Mit Salz und Pfeffer abschmecken.

Curry-Erbsen-Cremesuppe mit Tempura-Minze

glutenfrei

Für die Suppe

1 Bund Lauchzwiebeln
2 EL Ghee
1 EL frischer gehackter Ingwer
400 g TK-Erbsen, aufgetaut
500 g Kartoffeln
2 TL Garam Masala
1,2 Liter Gemüsebrühe
2 EL Sesamöl
1 EL getrockneter Majoran
Saft einer Orange
Salz und Pfeffer

- Die Lauchzwiebeln waschen und in Ringe schneiden.
- Die Kartoffeln waschen, schälen und klein schneiden.
- Das Ghee in einem Topf erhitzen, Lauchzwiebeln und Ingwer in 3 Minuten glasig dünsten.
- Erbsen, Kartoffeln, Garam Masala, Salz und Pfeffer zugeben. Alles gut vermischen.
- Die Gemüsebrühe zugeben und zum Kochen bringen.
- Die Hitze reduzieren und die Suppe 15 Minuten köcheln lassen.
- Die Suppe vor dem Servieren grob pürieren. Sesamöl, Majoran und Orangensaft zugeben und mit Salz und Pfeffer abschmecken.

Für die Tempura-Minze

4 Minzezweige
3 EL Mehl
50 ml Wasser
1 Prise Salz
100 ml Sonnenblumenöl zum Frittieren

- Für die Tempura-Minze aus Wasser und Mehl einen sämigen Teig herstellen. Mit Salz abschmecken.
- Die Minze in den Teig eintauchen und kurz in Öl frittieren.

Safran-Cremesuppe mit Mangold

glutenfrei

2 Tütchen Safranfäden (0,2 g)
1 Mangold
2 rote Zwiebeln
2 EL Ghee
Saft einer Zitrone
750 g Kartoffeln
1 kleiner grüner Chili, gehackt
2 TL frischer gehackter Ingwer
Je 1 Prise Muskatnuss und Asafötida
1,2 Liter Gemüsebrühe
1 EL frische gehackte Kräuter, z. B. Petersilie
Salz und Pfeffer zum Abschmecken

- Den Safran in 3 EL lauwarmem Wasser einlegen.
- Den Strunk des Mangolds abschneiden und die Blätter waschen.
- Die Zwiebeln schälen und in Würfel schneiden.
- 1 Esslöffel Ghee in einer Pfanne erhitzen. Die Zwiebeln darin glasig dünsten.
- Die weißen Stielenden des Mangolds bis zum Blattansatz in Streifen schneiden. Zitronensaft zugeben, die Mangoldstiele zu den Zwiebeln geben und ebenfalls glasig dünsten.
- Die Blätter ebenfalls in Streifen schneiden und in die Pfanne geben. Nach 4 bis 5 Minuten die Pfanne vom Herd ziehen.
- Die Kartoffeln schälen, halbieren und in Scheiben schneiden.
- Das restliche Ghee in einem Topf erhitzen, Chili und Ingwer für 3 Minuten glasig dünsten.
- Kartoffeln, Muskatnuss und Asafötida zugeben.
- Die Gemüsebrühe zugießen und alles zum Kochen bringen.
- Die Hitze reduzieren und die Suppe 15 Minuten köcheln lassen.
- Das Safranwasser zugeben, die Suppe grob pürieren und zum Schluss den Mangold in die heiße Suppe geben.

Sellerie-Melonen-Cremesuppe

glutenfrei

1 kg Karotten
1 Bund Lauchzwiebeln
1 Honigmelone
1 Staude Sellerie
3 EL Ghee
1 EL gehackter frischer Ingwer
1 EL Garam Masala
1 Prise Asafötida
1 Liter Gemüsebrühe
150 g Joghurt
2 TL Speisestärke
1 EL getrocknete Kräuter, z. B. Oregano, Liebstöckel, Bohnenkraut oder Thymian
Salz und Pfeffer zum Abschmecken

- Die Karotten schälen und in Scheiben schneiden.
- Die Lauchzwiebeln waschen und in Ringe schneiden.
- Die Melone halbieren, entkernen und das Fruchtfleisch auslösen.
- Die Selleriestangen waschen und in dünne Scheiben schneiden.
- Das Ghee in einem Topf erhitzen, Ingwer und Lauchzwiebeln in 3 Minuten glasig dünsten.
- Karotten, Sellerie, Melone, Garam Masala und Asafötida zugeben und alles gut vermischen.
- Die Gemüsebrühe zugießen und zum Kochen bringen.
- Die Hitze reduzieren und die Suppe 15 Minuten köcheln lassen.
- Den Joghurt mit der Stärke verrühren, die Suppe grob pürieren, Joghurt und Kräuter zugeben.
- Mit Salz und Pfeffer abschmecken.

Apfelsuppe mit Kardamom

glutenfrei

2 Äpfel
1 EL Ghee
1 TL frischer geriebener Ingwer
½ Liter Apfelsaft
½ Liter Karottensaft
1 Prise Anispulver
2 EL Rohrzucker
2 zerstoßene Kapseln grüner Kardamom
5 Nelken
2 Zimtstangen
1 Beutelfilter für losen Tee

- Die Äpfel schälen und reiben.
- Das Ghee in einem Topf erhitzen. Darin die Äpfel und den Ingwer glasig andünsten. Mit Apfel- und Karottensaft ablöschen.
- Anis und Zucker einrühren.
- Kardamom, Nelken und Zimtstangen in den Teefilter geben und in die Suppe legen.
- Die Suppe kurz zum Kochen bringen und auf kleiner Flamme 10 Minuten köcheln lassen.
- Vor dem Servieren den Beutel mit den Gewürzen entfernen.

Tandoori-Karotten-Suppe

besonders fix

1 rote Zwiebel
1 kg Karotten
2 Äpfel
3 EL Ghee
1 EL Mehl
2 TL frischer geriebener Ingwer
1 EL Tandoori- oder eine andere Gewürzmischung (Curry, Garam Masala …)
1 Messerspitze Asafötida
1,2 Liter Gemüsebrühe
5 Zweige Koriander, gehackt, oder ein Bund Schnittlauch, in Röllchen geschnitten

Hinweis: Tandoori, Garam Masala und auch Curry sind immer Gewürzmischungen.

- Die Zwiebel schälen und klein hacken.
- Die Karotten und den Apfel waschen, schälen und fein reiben.
- Das Ghee in einem Topf erhitzen und die Zwiebeln darin andünsten.
- Das Mehl in ein feines Sieb geben und damit die Zwiebeln gleichmäßig bestäuben.
- Jetzt Karotten, Apfel und Ingwer zugeben und 1 bis 2 Minuten andünsten.
- Tandoori und Asafötida zugeben, unter Rühren mit der Gemüsebrühe aufgießen und zugedeckt 15 Minuten köcheln lassen.
- Vor dem Servieren mit Salz und Pfeffer abschmecken und mit Koriandergrün oder Schnittlauchröllchen bestreuen.

Rote-Linsen-Gemüse-Eintopf

glutenfrei

150 g geschälte rote Linsen
4 Pastinaken
400 g Kartoffeln
1 Staude Sellerie
1 EL Ghee
1 EL Fenchelsamen
1 EL Kreuzkümmel
1 EL gemahlener Koriander
1 EL Garam Masala
1 Prise Asafötida
Saft einer Limette
1,2 Liter Gemüsebrühe
Kräutersalz und roter Pfeffer zum Abschmecken
1 Bund glatte Petersilie, gehackt

- Die Linsen mit heißem Wasser übergießen und 30 Minuten einweichen lassen, dann abgießen.
- Die Pastinaken und die Kartoffeln schälen und in dünne Scheiben schneiden.
- Den Staudensellerie waschen und die Stangen ebenfalls in dünne Scheiben schneiden.
- Das Ghee bei mittlerer Hitze in einem großen Topf erhitzen und die Gewürze eine halbe Minute unter Rühren anrösten.
- Nun Pastinaken, Kartoffeln, Sellerie und Linsen in den Topf geben und 3 bis 4 Minuten anbraten.
- Den Limettensaft und die Gemüsebrühe zugeben. Bei leicht geöffnetem Deckel den Eintopf gut 20 Minuten köcheln lassen.
- Zwischendurch umrühren, damit nichts am Topfboden hängen bleibt.
- Kurz vor dem Servieren die Petersilie zugeben, und je nach Bedarf mit Salz und Pfeffer abschmecken.

belebend:

Salate

Hartnäckig haftet Rohkost-Salaten das Attribut »gesund« an, allerdings oft ohne Einverständnis des Verdauungssystems. Was nutzen geballte Vitamine, wenn der Körper die Nahrung erst mühsam aufheizen und daher nicht optimal verwerten kann? Die Kernzutaten kurz erwärmen – darin liegt der ayurvedische Weg von roh zu subtil.

Lauwarmer toskanischer Tomaten-Ciabatta-Salat

besonders fix

25 bis 30 Cocktail-Tomaten
Je zwei Zweige frischer Rosmarin, Oregano und Thymian
4 Scheiben Ciabatta-Brot
100 ml Olivenöl
1 TL gemahlener Pfeffer
1 Prise Zucker
1 TL grobes Meersalz
3 EL Balsamico-Essig
50 g Parmesan, grob gehobelt
Frisches Basilikum als Dekoration

- Die Tomaten vierteln und die Kerne entfernen.
- Die Rosmarinnadeln fein hacken.
- Oregano und Thymian vom Stängel abstreifen.
- Das Ciabatta in Würfel schneiden.
- Olivenöl in einer Pfanne erhitzen. Das Ciabatta im Olivenöl anbraten.
- Wenn das Brot eine goldgelbe Farbe bekommt, die restlichen Zutaten bis auf den Parmesan und das Basilikum zugeben und weitere 2 Minuten erhitzen.
- Vor dem Servieren den frisch gehobelten Parmesan über den Salat geben und den Salat mit frischem Basilikum dekorieren.

Lauwarmer Romanasalat mit Trauben, Walnüssen, Kirschtomaten und paniertem Kokos-Ziegenkäse

besonders fix

2 Köpfe Romanasalat
100 g kernlose rote oder weiße Trauben
50 g Walnüsse
100 g Kirschtomaten, rot oder gelb
4 Scheiben Ziegenkäse
1 EL Mehl
1 Ei, verquirlt
2 EL Kokosflocken
1 EL Olivenöl

- Den Salat grob in Streifen schneiden und zusammen mit den Trauben, den Walnüssen und Tomaten 2 bis 3 Minuten in einer Pfanne ohne Fett leicht erwärmen.
- Den Ziegenfrischkäse zuerst im Mehl, dann im Ei und zum Schluss in den Kokosflocken wenden.
- Den Käse im Olivenöl von jeder Seite 4 Minuten goldbraun ausbacken.

Für das Dressing

100 ml Olivenöl
1 EL Balsamico-Essig
1 EL Honig
4 EL Orangensaft
Je 1 TL getrockneter Oregano und Thymian, gerne auch frisch
Je 1 Prise Salz und Pfeffer

- Alle Zutaten vermischen und den Salat damit anmachen.
- Auf 4 Tellern verteilen und jeweils mit einem panierten Käse garnieren.

Nudelsalat mit Zuckerschoten, Paprika, Apfel und gebratener Avocado

laktosefrei

vegan

besonders fix

100 g Wok-Nudeln
200 g Zuckerschoten
2 rote Paprika
2 Äpfel
3 EL Sonnenblumenöl
1 Avocado
Je ½ TL Salz und gemahlener schwarzer Pfeffer

- Die Wok-Nudeln mit kochendem Wasser übergießen und 5 Minuten ziehen lassen, anschließend abgießen.
- Die Zuckerschoten waschen und halbieren.
- Paprika und Äpfel waschen, halbieren, entkernen, in Streifen schneiden und 5 Minuten mit den Zuckerschoten in Sonnenblumenöl anbraten.
- Anschließend alles, bis auf die Avocado, in eine Schüssel geben, mit dem Dressing übergießen, gut vermischen und 10 Minuten stehen lassen.
- In der Zwischenzeit die Avocado schälen, sechs bis acht Schnitze herausschneiden, mit etwas Zitronensaft beträufeln und in einer anderen Pfanne mit 1 Teelöffel Sonnenblumenöl von jeder Seite 3 Minuten anbraten.
- Dann salzen, pfeffern und auf den Salat geben.

Für das Dressing
Saft einer Zitrone
1 EL Agavendicksaft
1 EL Sojasauce
100 ml Sesam- oder Walnussöl
2 EL Sesamsamen, geröstet
1 TL gemahlene rosa Pfefferbeeren
1 Chili, fein gehackt

- Alle Zutaten gut vermischen und über den Salat geben.

Kichererbsensalat mit Granatapfel, Ananas und Basilikum

laktosefrei

glutenfrei

Erfordert 1 Stunde Marinierzeit

400 g Kichererbsen aus dem Glas oder der Dose (Abtropfgewicht)
200 g frische Ananas, klein geschnitten
200 g Zuckerschoten
1 EL Sesamöl
Die Kerne aus einem kleinen Granatapfel
15 Blättchen frisches Basilikum, klein gezupft

Für das Dressing

6 EL Olivenöl
1 Stange Zitronengras, fein gehackt
2 EL Birnen- oder ein anderer Fruchtessig
50 g Kokosflocken
Saft einer Zitrone
2 EL Honig
1 frischer roter Chili, gehackt
1 Prise Cayennepfeffer
1 TL Salz
½ TL frisch gemahlener schwarzer Pfeffer

- Die Kichererbsen abtropfen lassen, mit der Ananas und den Zuckerschoten 5 Minuten im Sesamöl andünsten.
- Danach die Granatapfelkerne untermischen.
- Alle Zutaten für das Dressing gut verrühren, die Mischung darübergeben und 1 Stunde marinieren lassen.
- Kurz vor dem Servieren mit Basilikum bestreuen.

Physalis-Mango-Salat mit Basilikum und Minze

laktosefrei

besonders fix

1 EL Pinienkerne
2 Mangos
1 TL Zitronensaft
300 g Physalis
2 EL Aprikosen- oder ein anderer Fruchtessig
5 EL Walnussöl
1 EL Honig
Je 1 Prise Salz und gemahlene rosa Pfefferbeeren
1 EL Kreuzkümmel
1 EL Fenchelsamen
2 EL Olivenöl
4 Scheiben dünn geschnittenes Brot
Je ein Zweig Minze und Basilikum

- Die Pinienkerne in einer Pfanne ohne Fett anrösten.
- Die Mangos schälen und das Fruchtfleisch vom Kern schneiden. Das Fruchtfleisch in Streifen schneiden, in eine Schale geben und mit Zitronensaft beträufeln.
- Die Physalis waschen und halbieren.
- In einer Schüssel Essig, Öl, Honig, Salz und Pfeffer verrühren.
- Pinienkerne, Mango und Physalis zugeben, alles vermischen und 10 Minuten ziehen lassen.
- In der Zwischenzeit den Kreuzkümmel und den Fenchel mit einem Mörser zerstoßen.
- Das Olivenöl in einer Pfanne erhitzen, die Brotscheiben und die zerstoßenen Gewürze zugeben und das Brot von beiden Seiten anrösten.
- Zum Schluss Basilikum und Minze waschen, mit der Hand in kleine Stücke zupfen, in die Schüssel geben und unterrühren.
- Das geröstete Gewürzbrot zum Salat servieren.

Kartoffelsalat mit Joghurt-Petersilien-Dressing

glutenfrei

12 Kartoffeln
2 Liter Salzwasser
1 TL Ghee
1 EL schwarze Senfkörner
1 El frischer geriebener Ingwer
1 grüne Chili, entkernt und klein gehackt
400 g Naturjoghurt
2 EL mittelscharfer Senf
1 Bund glatte Petersilie, fein gehackt
1½ TL Salz
4 EL Olivenöl
1 EL Currypulver
Mark von 2 Vanilleschoten

- Die Kartoffeln im Salzwasser kochen, in kaltem Wasser abschrecken, pellen und in etwa 0,5 Zentimeter dicke Scheiben schneiden.
- Das Ghee in einer Pfanne erhitzen und die Senfkörner zugeben. Den Deckel auf der Pfanne belassen, bis die Samen nicht mehr springen.
- Ingwer und Chili zugeben und mitdünsten, bis sie glasig sind.
- Alle Zutaten nun in eine Schüssel geben und gut vermischen. Die Kartoffeln sollen gleichmäßig bedeckt sein.

TIPP: Kartoffelsalat gelingt besonders gut, wenn man gekochte Kartoffeln vom Vortag nimmt.

Lauwarmer Nudelsalat mit Apfel, Wirsing, Erdnüssen und Zitronen-Sesam-Dressing

laktosefrei

besonders fix

100 g Erdnüsse
100 g Wok-Nudeln
½ kleiner Wirsing
2 kleine Birnen
1 kleines Bund Lauchzwiebeln
1 EL Olivenöl

- Die Erdnüsse in einer Pfanne ohne Fett 5 Minuten anrösten.
- Die Nudeln mit kochendem Wasser übergießen und 5 Minuten ziehen lassen
- Vom Wirsing den Mittelstrunk entfernen und ihn dann in dünne Streifen schneiden.
- Die Birnen waschen, halbieren, entkernen und grob in Würfel schneiden.
- Die Lauchzwiebeln waschen, in feine Ringe schneiden und mit dem Wirsing und den Birnen 5 Minuten in Olivenöl in einer Pfanne andünsten.
- Zum Schluss Nudeln und Erdnüsse zugeben und gut vermischen.

Für das Dressing

2 TL frischer gehackter Ingwer
100 ml Sesamöl
Saft einer Zitrone
1 TL Honig
1 EL Fruchtessig
1 EL weiße Sesamsamen, geröstet
Salz und Pfeffer zum Abschmecken
1 EL Öl

- Den Ingwer im Öl in 3 Minuten glasig dünsten.
- Alle Zutaten verrühren, über die warmen Nudeln geben, gut vermischen und 10 Minuten ziehen lassen.

Wider die Eintönigkeit: Ayurveda und die Arbeitswelt

Hohe Verantwortung bei sich wiederholenden Tätigkeiten. Lange Flure, Halogenbeleuchtung und eine gleich bleibende Umgebung; unzureichende Bewegung und viel zu wenig frische Luft. Das ist der Arbeitsalltag für Millionen von Menschen auf der ganzen Welt.

Aus Sicht des Ayurveda erfordern diese Lebensbedingungen Eigenschaften, die dem Kapha-Dosha zugeschrieben werden. Stabilität, Ruhe, Ausgeglichenheit und Verlässlichkeit sind typische Kapha-Merkmale, da Kapha von den Elementen Wasser und Erde geprägt ist. Ein Übermaß an Kapha kann allerdings auch zu Verharrung, Trägheit, Antriebslosigkeit und Langeweile führen.

Aus diesem Grunde ist für Menschen im Arbeitsumfeld eines Büros eine kreative, bunte und belebende Ernährung äußerst wichtig. Routinierte Tätigkeiten in Verbindung mit hohen Anforderungen und gleichförmiger Ernährung kann auf Dauer zu einem übermäßigen Anstieg von Kapha in Körper und Geist führen.

Eine aktivierende, gut gewürzte und in jeder Hinsicht bunte Ernährung regt die Sinne und damit auch den Geist an. Sie sorgt für gute Laune und gute Ideen. Wie ein bunter Strauß Blumen ein Lächeln aufs Gesicht zaubert, genauso sorgt eine kreative Mahlzeit für eine lächelnde Seele – auch zwischen Kopierer und Kaffeepause.

Rezeptvorschläge

- Zarte Kokosnudeln mit Chili-Früchten und würzigem Chai ▶ Seite 52
- Gurkenschiffchen mit Kräuterquark, kandierten Früchten und einer Balsamico-Birnen-Reduktion ▶ Seite 84
- Physalis-Mango-Salat mit Basilikum und Minze ▶ Seite 114

aufregend nährend:

Haupt-gerichte

Einmal um die Welt mit Ayurveda: Bei den Hauptgerichten, besonders für die Mittagszeit empfohlen, kommt Abenteuer ins Spiel. Von pikant gewürzter Pasta über fruchtige Currys bis zu Eintöpfen mit Rosenkohl, Wirsing und – ja! – Lavendel reicht die Palette, samt Goethes Lieblingsspeise, der Frankfurter Grünen Sauce. Und was der Dichter schätzte, kann so un-ayurvedisch nicht sein.

Kinder, aufgepasst! Selbst für euch ist etwas dabei. Nur so viel sei verraten: Es gibt Burger und Gemüse-Pommes …

Tex-Mex-Blätterteig-Schale

glutenfrei

1 Rolle TK-Blätterteig, aufgetaut
1 grüne Chili
1 Fleischtomate, ca. 200 g
1 Zucchini
2 EL Sonnenblumenöl
150 g Mais (Abtropfgewicht)
400 g Kidney-Bohnen (Abtropfgewicht)
½ TL Cayennepfeffer
2 TL edelsüßes Paprikapulver
2 TL Rohrzucker
500 g passierte Tomaten
½ TL Salz zum Abschmecken
4 kleine ofenfeste Müslischalen
mit ca. 250 ml Fassungsvermögen

- Die Müslischalen in den Blätterteig drücken und mit einem Messer Teigstücke 2 Zentimeter außerhalb des Umrisses ausschneiden.
- Mit den Blätterteigstücken die Schalen ausschlagen. Der Blätterteig sollte ein wenig über den Schalenrand hinaushängen.
- Die Chili waschen, halbieren, entkernen und in Streifen schneiden.
- Die Tomate vierteln, entkernen und in Würfel schneiden.
- Die Zucchini waschen und grob reiben.
- Das Sonnenblumenöl in einer Pfanne erhitzen.
- Chili, Mais, Tomatenviertel, Bohnen und Zucchini 2 Minuten anbraten.
- Cayennepfeffer, Paprikapulver, Zucker und passierte Tomaten zugeben und alles gut vermischen, mit Salz abschmecken.
- Anschließend die Füllung gleichmäßig in die Schalen verteilen.
- Bei 180 °C für 15 Minuten in den Backofen geben und goldbraun backen.

Spirelli-Nudeln mit dreierlei Saucen

laktosefrei

vegan

besonders fix

Als Hauptmahlzeit pro Person mit 100 g Nudeln kalkulieren. Die Nudeln nach Packungsanleitung al dente kochen.

Für Vata mit Paprika-Tomaten-Sauce

2 gelbe Paprika
20 Cocktailtomaten
2 EL Olivenöl
1 TL edelsüßes Paprikapulver
200 ml Gemüsebrühe
500 ml passierte Tomaten
1 TL Rohrzucker
1 TL gemahlene rosa Pfefferbeeren
½ TL Salz

- Die Paprika in kleine Würfel schneiden.
- Die Tomaten halbieren.
- Beides kurz in Olivenöl anbraten, das Paprikapulver zugeben und gut vermischen.
- Kurz darauf die Gemüsebrühe zugießen, passierte Tomaten, Zucker und Pfeffer zugeben und 15 Minuten lang einkochen lassen.
- Vor dem Servieren mit Salz abschmecken.

Für Pitta mit Rucola-Pesto

3 EL Pinienkerne, geröstet
200 g frische Rucola
100 ml Olivenöl
1 TL Rohrzucker
½ TL Salz
½ TL frisch gemahlener Pfeffer
3 EL Orangensaft

- Alle Zutaten in einem Mixer pürieren und über die Nudeln geben.

Für Kapha mit Tomaten-Chili-Pesto

15 getrocknete Tomaten
1 EL Pinienkerne, geröstet
1 roter Chili, gehackt
100 ml Olivenöl
1 TL Rohrzucker
1 Prise Meersalz
1 Prise frisch gemahlener Pfeffer
3 EL Orangensaft

● Die Tomaten grob hacken, danach alle Zutaten im Mixer pürieren und über die Nudeln geben.

TIPP: Die getrockneten Tomaten mit heißem Wasser übergießen und 10 Minuten stehen lassen. Dann lassen sie sich einfacher weiterverarbeiten und sind nicht mehr so intensiv salzig.

Kräutergnocchi mit Rote-Bete-Salbei-Creme

optional laktosefrei

optional vegan

Für die Kräutergnocchi

1 kg Kartoffeln
100 g Grieß
100 g Weizenmehl
Je 1 Bund Schnittlauch und Petersilie
3 EL Olivenöl
2 TL Salz
½ TL Muskat
3 Liter Salzwasser

- Die Kartoffeln gar kochen, schälen und durch die Kartoffelpresse drücken.
- Mit dem Grieß, Mehl, Olivenöl, Salz und Muskat vermischen und zu einem glatten Teig verarbeiten. Sollte der Teig zu trocken sein, einfach etwas Gemüsebrühe zugießen.
- Schnittlauch und Petersilie fein hacken und unter den Teig mischen. Mindestens 1 Stunde im Kühlschrank ruhen lassen.
- Anschließend aus dem Teig lange Rollen mit ca. 4 Zentimeter Durchmesser formen. Von den Rollen Stücke abschneiden, zu kleinen Bällchen formen und mit einer Gabel leicht eindrücken.
- Die Gnocchi im siedenden Salzwasser gar kochen, bis sie an der Oberfläche schwimmen.

TIPP: Die Gnocchi nach dem Kochen in der heißen Pfanne mit etwas Öl anbraten: So werden sie kross und erhalten größere Bissfestigkeit.

Für die Rote-Bete-Creme

2 EL Kürbiskerne
500 g gekochte Rote Bete
2 EL Olivenöl
1 TL süßes Paprikapulver
1 TL scharfes Paprikapulver
6 Blättchen frischer Salbei
2 EL Naturjoghurt (optional Sojajoghurt)
Salz und Pfeffer zum Abschmecken

- Die Kürbiskerne in einer Pfanne ohne Fett anrösten.
- Die Rote Bete in Würfel schneiden und 5 Minuten im Olivenöl anbraten.
- Kürbiskerne, Paprikapulver und Salbei zugeben und weitere 5 Minuten unter Rühren erhitzen.
- Alles in ein hohes Gefäß geben und unter Zugabe von Joghurt zu einer cremigen Masse pürieren.
- Mit Salz und Pfeffer abschmecken.

Curryreis mit Mango, Cashewkernen und Rosinen

optional laktosefrei

optional vegan

glutenfrei

kindergarten-getestet

1 Mango
Saft einer Zitrone
200 g Reis
2 EL Ghee (optional Olivenöl)
500 ml heißes Wasser
100 g Cashewkerne oder Walnüsse
3 EL Rosinen
250 ml Kokosmilch
1 TL gehackter Ingwer
2 TL mildes Currypulver
⅓ TL Chilipulver
2 TL gemahlene rosa Pfefferbeeren
1 TL Kräutersalz zum Abschmecken

● Die Mango schälen, das Fruchtfleisch zuerst vom Kern, dann in Streifen schneiden und mit dem Zitronensaft beträufeln.

● Den Reis gut waschen und in 1 EL Ghee oder Olivenöl glasig dünsten.

● Mit 500 Milliliter heißem Wasser übergießen und 8 Minuten kochen lassen.

● Anschließend den Reis abschütten, zurück in den Topf geben, abdecken und für 10 Minuten zum Ruhen beiseitestellen.

● Das restliche Ghee oder Olivenöl in einer Pfanne bei mittlerer Temperatur erhitzen und die Cashewkerne darin 5 Minuten anbraten.

● Jetzt den Reis zusammen mit den Mangos und Rosinen, der Kokosmilch, dem Ingwer und den Trockengewürzen in die Pfanne geben. Alles gut vermischen und weitere 3 Minuten erhitzen.

ES GIBT REIS, BABY!
Das Waschen der Reiskörner vor der Zubereitung entfernt überschüssige Stärke, die den Reis klebrig machen kann. Durch das anschließende Dünsten in Ghee oder Öl schließt sich das Korn und nimmt weniger Wasser auf. Von Vorteil – und deshalb gängige Praxis in asiatischen Ländern – ist es ebenfalls, den Reis nach dem Kochen mit kaltem Wasser abzuschrecken, erneut zu erwärmen und erst im garen Zustand zu würzen.

Gefüllte Wirsingblätter mit Tomaten-Rosinen-Sauce

glutenfrei

Für die Sauce

2 Zimtstangen
1 TL Kurkuma
1 TL gemahlener Kreuzkümmel
1 EL edelsüßes Paprikapulver
1 EL Currypulver
1 kg pürierte Tomaten (aus dem Glas oder der Dose)
2 TL Rohrzucker
Saft einer Zitrone
5 EL Rosinen

- Die Gewürze – Zimt, Kurkuma, Kreuzkümmel, Paprikapulver und Curry – in einem Topf ohne Fettzugabe 20 Sekunden anrösten.
- Tomaten, Rohrzucker, Zitronensaft und Rosinen zugeben.
- Die Mischung 10 Minuten lang auf mittlerer Hitze einkochen lassen.

Für die gefüllten Wirsingblätter

1 Bund Lauchzwiebeln
200 g Schafskäse
1 Wirsing
2 Liter Salzwasser
50 g weißer Sesam
500 g Kartoffeln
300 g Pastinaken
1 EL Ghee
1/3 TL Muskatnuss
1 TL scharfes Currypulver
1 TL Salz
1 Bund frische Petersilie, gehackt

- Die Lauchzwiebeln in Ringe schneiden.
- Den Schafskäse in Würfel schneiden.
- Die äußeren Wirsingblätter abschneiden. Den weißen überstehenden Teil der Mittelrippe mit einem scharfen Messer bis auf Höhe des Blattes abschneiden, dadurch lassen sich die Blätter leichter einrollen.
- Das Salzwasser zum Kochen bringen und die Wirsingblätter darin 3 Minuten blanchieren, mit kaltem Wasser abschrecken und auf Küchenpapier abtropfen lassen.
- Den Sesam in einer Pfanne ohne Fett anrösten.
- Die Kartoffeln und Pastinaken schälen und in Würfel schneiden.
- Das Ghee in einer anderen Pfanne erhitzen, darin Lauchzwiebeln, Kartoffeln und Pastinaken in 5 Minuten goldbraun anbraten. Muskat und Currypulver zufügen.
- Kurz darauf Schafskäse und Sesam zugeben und alles zu einer sämigen Masse verrühren, mit Salz abschmecken.
- Zum Schluss folgt die frische Petersilie.
- Die Masse auf den Kohlblättern verteilen, die Blätter einrollen, in eine Auflaufform geben, mit der Tomatensauce übergießen und 12 Minuten bei 160 °C backen.

TIPP: Den restlichen Wirsing einfach zu einem Salat verarbeiten. Das entsprechende Rezept finden Sie auf Seite 118.

Paprika gefüllt mit Schafskäse-Spinat-Creme, dazu Rosmarin-Kartoffeln

laktosefrei

glutenfrei

Für die gefüllten Paprika

2 Paprika
200 g frischer Spinat
50 g Mandelplättchen
1 Stück Schafskäse (ca. 150 g)
1 frische Semmel
4 EL Olivenöl
Saft einer Orange
1 TL Salz
1 TL gemahlene rosa Pfefferbeeren
1 TL Rohrzucker

Für die Rosmarin-Kartoffeln

1 kg Kartoffeln (am Vortag mit Schale gekocht), gepellt
1 EL grobes Meersalz
1 EL gehackte frische Rosmarinnadeln
4 EL Ghee oder Sonnenblumenöl zum Ausbacken

- Die Paprika waschen, halbieren und die Kerne entfernen.
- Den Spinat waschen und fein hacken.
- Die Mandelplättchen in einer Pfanne ohne Fett anrösten.
- Den Schafskäse und die Semmel klein schneiden.
- Den Spinat zusammen mit den Mandeln, dem Olivenöl, Orangensaft und Salz, der Semmel, dem Schafskäse, Pfeffer und Zucker in eine Schüssel geben.
- Aus allen Zutaten eine geschmeidige Masse kneten und in die Paprika füllen.
- Die Paprika auf ein mit Backpapier ausgelegtes Blech setzen und bei 180 °C im Backofen 15 Minuten backen.
- Die Kartoffeln achteln und in Ghee goldbraun ausbacken. Mit Rosmarin und Meersalz würzen.

Ofenkartoffeln gefüllt mit einer Variation der Frankfurter Grünen Sauce

laktosefrei

glutenfrei

4 große Backkartoffeln

Für die Füllung

1 unbehandelte Orange
3 EL Kürbiskerne
1 Bund Frankfurter Kräuter (Borretsch, Zitronenmelisse, Sauerampfer, Pimpernelle mit Blüte, Petersilie, Schnittlauch mit Blüte, Kerbel – ist als fertige Mischung auch außerhalb Hessens auf Märkten sowie in Gemüse- und Feinkostgeschäften erhältlich!)

200 g Ziegenfrischkäse
1 TL Currypulver
Jeweils ½ TL Meersalz und Pfeffer
1 EL Kürbiskernöl
1 TL Himbeeressig

- Die Kartoffeln in Alufolie wickeln und bei 200 °C 60 Minuten im Ofen lassen.
- Für die Füllung die Schale der Orange fein abreiben.
- Die Kürbiskerne in einer Pfanne ohne Fett rösten und anschließend fein hacken.
- Die Kräuter waschen und fein hacken.
- Alle Zutaten mit dem Ziegenkäse zu einer cremigen Masse verrühren. Mit Salz und Pfeffer abschmecken.
- Vor dem Servieren die Kartoffeln in der Mitte aufbrechen und mit der Kräutercreme füllen.

Lauwarmes herbstliches Gemüse von Rosenkohl und Wirsing mit Mandel-Zimt-Pflaumen

optional laktosefrei

optional vegan

glutenfrei

50 g ganze geschälte Mandeln
1 EL Rohrzucker
1 TL Zimtpulver
2 EL Zitronensaft
100 g entsteinte Trockenpflaumen
400 g Rosenkohl
2 Liter Salzwasser
1 rote Zwiebel
½ Kopf Wirsing
2 TL Ghee (optional 2 EL Sonnenblumenöl)
100 ml Pflaumensaft
Abgeriebene Schale und der Saft von einer unbehandelten Orange
100 ml Gemüsebrühe
4 EL Fruchtessig
1 Bund gehackter Dill
1 EL getrocknetes Bohnenkraut
Salz und Pfeffer zum Abschmecken

- Die Mandeln in einer Pfanne ohne Fett anrösten.
- Wenn sie sich bräunlich färben, Zucker, Zimt sowie Zitronensaft zugeben und alles 5 Minuten einreduzieren lassen.
- Anschließend jeweils eine Mandel in eine Pflaume stecken.
- Den Rosenkohl putzen, die Röschen über Kreuz einschneiden.
- Den Rosenkohl in dem Salzwasser 10 Minuten kochen, dann abgießen.
- Die Zwiebel waschen und in Würfel schneiden.
- Beim Wirsing den Mittelstrunk und falls nötig die äußeren Blätter entfernen.
- Danach den Wirsing in feine Streifen schneiden, waschen und abtropfen lassen.
- Das Ghee oder Sonnenblumenöl in einer Pfanne erhitzen, die Zwiebel und den Rosenkohl zufügen und 3 Minuten andünsten.
- Dann den Wirsing zugeben und 5 Minuten mitdünsten.
- Nun Pflaumensaft, Orangensaft, Brühe, Essig, Bohnenkraut zugeben und alles 5 Minuten einkochen lassen.
- Mit Salz und Pfeffer abschmecken.
- Kurz vor dem Servieren die Pflaumen untermischen, mit der Orangenschale und dem Dill bestreuen.

Rucola-Tomaten-Knödel

laktosefrei | vegan

Für ca. 12 Knödel

1 Zweig Rosmarin
50 g eingelegte Tomaten
1 kleine rote Zwiebel
3 EL Olivenöl
250 g Knödelbrot oder
3 kleingeschnittene Brötchen
150 ml Sojamilch
50 g Grieß
100 g Rucola
½ TL Salz
½ TL gemahlener Pfeffer
4 EL Margarine
1 EL getrocknete italienische Kräuter

- Die Rosmarinnadeln fein hacken.
- Die eingelegten Tomaten in Streifen schneiden
- Die Rucola waschen und fein hacken.
- Die Zwiebel schälen, würfeln und in 1 Esslöffel Olivenöl glasig andünsten.
- Das Knödelbrot in der Sojamilch einweichen.
- Alle Zutaten außer Margarine und Kräutern zu einem geschmeidigen Teig verarbeiten und mit feuchten Händen mittelgroße Knödel (ca. dreifache Walnussgröße) formen. Der Teig sollte nicht zu feucht sein, damit die Knödel im Wasser nicht auseinanderfallen!
- Die Knödel in heißem, aber nicht kochendem Salzwasser 15 Minuten ziehen lassen.
- Die Margarine schmelzen, die Kräuter unterrühren und die Kräutermargarine auf die Knödel geben.

Rotes Gemüsecurry mit Orangen-Rosen-Reis

laktosefrei | optional vegan | glutenfrei

Für das Gemüsecurrry

400 ml Kokosmilch
1 EL Sojasauce
1 EL Himbeeressig
2 TL Zucker
2 Pastinaken oder Petersilienwurzeln
1 Süßkartoffel
200 g Zuckerschoten
5 EL Sesamöl
2 Schalotten, fein gehackt
2 rote Chilis, entkernt und klein geschnitten
4 Kaffir-Limettenblätter
15 Babymaiskolben, halbiert
15 Blätter (Thai-)Basilikum, in feine Streifen geschnitten

- Die Kokosmilch mit der Sojasauce, dem Essig und dem Zucker in einer separaten Schüssel vermischen.
- Die Pastinaken oder Petersilienwurzeln und die Süßkartoffel waschen, schälen, halbieren und in Scheiben schneiden.
- Die Zuckerschoten waschen und die Enden abschneiden.
- Das Sesamöl in einer Pfanne erhitzen. Die Schalotten, die Chilis und das Gemüse zugeben. Alles 5 Minuten anbraten.
- Ein Esslöffel der Currypaste (siehe rechts) zugeben und gut verrühren.
- Die Kokosmilch und die Limettenblätter zugeben und 10 Minuten einkochen lassen.
- Zum Schluss das Basilikum zugeben und das Ganze in einer Schale mit dem Reis servieren. Restliche Currypaste dazureichen.

Für die Currypaste

5 rote Chilis, entkernt und gehackt
2 Stangen Zitronengras, fein gehackt
½ TL gemahlener Koriander
2 Kaffir-Limettenblätter, gehackt
½ TL gemahlener Kreuzkümmel
2 TL frischer, gehackter Ingwer, ½ TL Salz

- Alle Zutaten im Mörser zerstoßen oder in einem Mixer fein pürieren.

Für den Reis

2 Orangen
100 g Mandelplättchen
2 TL gemahlene rosa Pfefferbeeren
1 TL Rohrzucker
1 EL Ghee (optional Pflanzenöl)
1 EL gehackter Ingwer
200 g Langkornreis
500 ml Gemüsebrühe, 3 Kardamomkapseln
4 EL Rosenwasser

- Orangen schälen, Filets herausschneiden.
- Die Mandeln in einer Pfanne ohne Fett anrösten, anschließend mit den Pfefferbeeren und dem Rohrzucker mörsern.
- Das Ghee in einem Topf erhitzen, Ingwer und Reis in 3 Minuten darin glasig dünsten.
- Brühe zugießen, die Kardamomkapseln zugeben und den Reis leicht köcheln lassen, bis er gar ist und das Wasser verdampft ist.
- Kurz vor dem Servieren das Rosenwasser, die Orangenfilets und die Mandelmischung zugeben und alles gut vermischen.

Lauwarmer Spinat-Reis-Salat mit Kokosflocken

glutenfrei

besonders fix

300 g Babyspinat
200 g Langkornreis
1 EL Ghee
1 Liter Wasser
1 TL Salz
2 EL Olivenöl
½ TL Tabasco oder Chilisauce
200 ml Kokosmilch
50 g Kokosflocken oder Kokoschips
Saft einer Orange
1 TL gemahlener rosa Pfeffer
1 TL gemahlener Koriander
½ TL gemahlener Kreuzkümmel
1 TL Salz

- Den Spinat gründlich waschen.
- Den Reis waschen, abtropfen lassen und in Ghee glasig dünsten.
- Das Wasser zugeben, zum Kochen bringen, die Hitze reduzieren und den Reis 8 Minuten köcheln lassen.
- Dann das Wasser abschütten und den Reis zurück in den Topf geben.
- Salz, Öl, Tabasco oder Chilisauce, Kokosmilch, Kokosflocken, Orangensaft, Spinat und Gewürze zugeben.
- Alles gut vermischen und den Reis zugedeckt weitere 10 Minuten ziehen lassen.

Eier-Lavendel-Curry

laktosefrei

glutenfrei

1 Kopf Blumenkohl
2 Strauchtomaten (ca. 200 g)
1 Süßkartoffel
Sonnenblumenöl zum Anbraten
2 fein gehackte Schalotten
2 EL Currypaste (Anleitung siehe rechts)
500 ml Gemüsebrühe
Saft einer Zitrone
400 ml Kokosmilch
12 Curryblätter (alternativ 4 Lorbeerblätter)
150 g Zuckerschoten
2 hart gekochte Eier

- Den Blumenkohl waschen und die Röschen vom Strunk schneiden.
- Die Tomaten waschen, vierteln, entkernen und in Würfel schneiden.
- Die Süßkartoffel schälen und grob in Stücke schneiden.
- Öl in einem Topf erhitzen. Die Schalotten und die Süßkartoffeln glasig andünsten.
- Currypaste, Brühe, Zitronensaft, Kokosmilch und Curryblätter zugeben, anschließend 15 Minuten auf mittlerer Hitze köcheln lassen.
- Dann die Blumenkohlröschen, die Zuckerschoten und die Tomaten zugeben und weitere 5 Minuten köcheln lassen.
- Das Curry in Schalen füllen und jeweils eine Eihälfte darauflegen.

Für die Currypaste

4 grüne Chilis, entkernt und gehackt
Schale und Saft einer unbehandelten Orange
1 TL schwarzer ganzer Pfeffer
2 TL getrocknete Lavendelblüten
½ TL getrockneter Majoran
1 EL frischer gehackter Ingwer
1 TL Zucker
½ TL Salz

- Alle Zutaten im Mörser zerstoßen oder in einem Mixer fein pürieren.

Tagliatelle mit Safransauce und grünem Spargel

200 g grüner Spargel
2 EL Olivenöl
1 Bund frische Kräuter (z. B. Salbei, Oregano, Thymian), gehackt
1 Zweig frisches Basilikum zum Dekorieren
250 g Tagliatelle

Für die Sauce
2 Döschen gemahlener Safran (jeweils 0,1 g)
1 rote Zwiebel
300 ml Gemüsebrühe
150 ml Weißwein
50 g Butter, gefroren, in Streifen geschnitten
1 TL mittelscharfer Senf
3 EL Olivenöl
Salz und Pfeffer zum Abschmecken

- Den Spargel in Olivenöl 3 Minuten anbraten.
- Die gemischten Kräuter zugeben, die Hitze reduzieren und den Spargel weitere 5 Minuten dünsten.
- In der Zwischenzeit die Tagliatelle in Salzwasser al dente kochen.
- Für die Sauce den Safran in 5 Esslöffel warmem Wasser einweichen.
- Die Zwiebel klein schneiden und in etwas Olivenöl glasig dünsten.
- Brühe und Weißwein zugeben und 10 Minuten einkochen lassen.
- Das Safranwasser zugeben, kurz aufkochen und den Topf vom Herd ziehen.
- Jetzt nach und nach die gefrorene Butter und den Senf zugeben. Alles gleichmäßig verrühren. Zum Schluss mit Salz und Pfeffer abschmecken.
- Die Nudeln in die Pfanne mit dem Spargel geben, mit der Soße übergießen und in tiefen Tellern anrichten.

TIPP: Nur mit eiskalter Butter gelingt die richtige Bindung der Soße. Ist die Temperatur der Flüssigkeit zu hoch und/oder die Butter nicht kalt genug, gibt es keine Bindung, dafür satte Fettaugen auf der Sauce!

Safranfäden oder -pulver vor der Verwendung in lauwarmem Wasser etwa 5 Minuten einweichen und zusammen mit der Flüssigkeit in das jeweilige Gericht geben. Besonders bei Reis- und Gemüsegerichten verteilt sich so die gelbe Farbe besser und erzeugt nicht nur einzelne gelbe Punkte.

Polentaschnitten mit Radicchio-Risotto und Fenchel-Kümmel-Sauce

glutenfrei

Für das Risotto

1 rote Zwiebel
1 Radicchio
ca. 1,2 Liter Gemüsebrühe
200 g Risottoreis
5 EL Olivenöl
100 ml Weißwein
50 g Parmesan
Salz und Pfeffer

- Die rote Zwiebel abziehen und fein würfeln.
- Den Radicchio waschen und in feine Streifen schneiden.
- Die Brühe aufkochen und auf dem Siedepunkt halten.
- Die Zwiebel und den Reis im Olivenöl in einem weiteren Topf oder in einer großen Pfanne glasig dünsten.
- Mit einer Suppenkelle Brühe zugeben, und zwar nur so viel, dass der Reis gerade bedeckt ist.
- Unter ständigem Rühren nach und nach Brühe und Weißwein zugießen, aber erst, wenn die Brühe komplett aufgesogen wurde. Dieser Arbeitsschritt dauert insgesamt etwa 20 bis 25 Minuten.
- Das Risotto weiterkochen, bis es bissfest, sämig und noch leicht flüssig ist. Es sollte nicht die Konsistenz von Milchreis bekommen!
- Zum Schluss die Radicchiostreifen untermischen, mit Salz und Pfeffer abschmecken und mit Parmesan bestreuen.

Für die Polenta

600 ml Gemüsebrühe, ½ TL Salz
150 g Polenta, 3 EL Olivenöl

- Die Gemüsebrühe mit dem Salz zum Kochen bringen und die Polenta unter ständigem Rühren nach und nach in die Brühe geben.
- Die Hitze reduzieren und die Polenta weitere 10 Minuten köcheln lassen.
- Anschließend die Polenta gleichmäßig auf ein mit Backpapier belegtes Backblech streichen und auskühlen lassen.
- Die Polenta in Stücke schneiden und in etwas Olivenöl goldbraun braten.

Für die Sauce

1 kleine Fenchelknolle
2 TL Kümmel, 1 EL Olivenöl
300 ml Gemüsebrühe
100 ml Crème fraîche, alternativ Sojacreme
Salz und Pfeffer zum Abschmecken

- Vom Fenchel die grünen Stielansätze abschneiden, die Knolle halbieren und den Mittelstrunk entfernen. Die restliche Knolle in kleine Würfel schneiden. Zusammen mit dem Kümmel im Olivenöl glasig dünsten.
- Die Gemüsebrühe und die Crème fraîche oder die Sojacreme zugeben und 15 Minuten bei leicht geöffnetem Deckel köcheln.
- Mit Salz und Pfeffer abschmecken.
- Jeweils eine Polentaschnitte auf den Reis legen und etwas Sauce darübergeben.

Pakoras*, dazu Bratkartoffeln mit Rosenkohl und warmes Johannisbeer-Apfel-Chutney

laktosefrei

optional vegan

glutenfrei

kindergarten-getestet

Für das Chutney

4 Äpfel
200 g rote Johannisbeeren
1 Zweig Rosmarin
2 EL Sonnenblumenöl zum Anbraten
2 fein gehackte rote Chilis
1 TL Currypulver
200 ml roter Traubensaft
1 EL Balsamico-Essig
2 EL Rohrzucker
1 Prise Salz und Pfeffer zum Abschmecken

- Die Äpfel waschen, halbieren, entkernen und in feine Würfel schneiden.
- Die Johannisbeeren waschen und vom Stiel abstreifen.
- Die Rosmarinnadeln vom Stiel abstreifen und fein hacken.
- Das Öl in einem Topf erhitzen. Chili, Äpfel und Johannisbeeren darin 3 Minuten andünsten.
- Das Currypulver zugeben, mit Traubensaft und Essig aufgießen, den Rohrzucker zugeben und 15 Minuten einköcheln lassen.
- Den Topf vom Herd ziehen und den Rosmarin untermischen.

*** Bratlinge aus Kichererbsenmehl und frischem Gemüse**

Für die Pakoras

1 Karotte
1 kleine Zucchini
150 g Kichererbsenmehl
1 TL Backpulver
2 TL Currypulver
1 TL edelsüßes Paprikapulver
1 TL gemahlener Koriander
½ TL Chilipulver
1 TL Zimtpulver
1 TL Meersalz
½ TL Rohrzucker
100 ml Wasser
5 EL Ghee (optional 150 ml Sonnenblumenöl) zum Ausbacken

- Die Karotte schälen und auf der groben Seite der Küchenreibe raspeln.
- Die Zucchini waschen und ebenfalls raspeln.
- Das Backpulver und alle Gewürze zusammen mit dem Mehl in eine Schüssel geben und vermischen.
- Unter Zugabe von Wasser einen Teig herstellen, der in cremiger Konsistenz gerade noch vom Kochlöffel abläuft.
- Jetzt das Gemüse unterheben, bis es komplett mit Teig bedeckt ist.
- Das Ghee in einer Pfanne erhitzen und mit einem Kochlöffel so viel Teig ins Ghee geben, dass dünne Teigfladen vom Durchmesser einer Kaffeetasse entstehen.

● Die Pakoras bei mittlerer Hitze von jeder Seite etwa 4 bis 5 Minuten ausbacken, bis sie goldbraun sind.

Für die Bratkartoffeln mit Rosenkohl

800 g mit Schalen gekochte Kartoffeln vom Vortag
1 kleiner Bund glatte Petersilie
500 g Rosenkohl
2 Liter Gemüsebrühe
1 TL getrockneter Oregano
1 TL getrockneter Thymian
1 TL getrockneter Majoran
1 Prise Muskat
Salz und Pfeffer zum Abschmecken
1 EL Ghee zum Anbraten (optional Sonnenblumenöl)

● Die Kartoffeln pellen und in Scheiben schneiden.
● Die Petersilie waschen und fein hacken.
● Den Rosenkohl waschen, in 2 Liter Gemüsebrühe 15 Minuten kochen – er soll noch bissfest sein.

● Abgießen, die Brühe aufbewahren. (Sie ist auch gleich eine schöne Grundlage für eine Suppe.)
● Den Rosenkohl anschließend halbieren.
● Die Kartoffeln mit dem Rosenkohl im Ghee goldbraun braten.
● Kurz vor Schluss die Kräuter zugeben, gut vermischen und mit Salz, Pfeffer und Muskat abschmecken.

Gefüllte Mini-Paprika auf Zitronen-Pfirsich-Reis

glutenfrei

besonders fix

Für die gefüllten Paprika

4 Mini-Paprika
150 g Ricotta
Je ein Bund glatte Petersilie und Schnittlauch
2 EL geröstete, gehackte Kürbiskerne
1 EL Himbeeressig
1 TL Kürbiskernöl
1 TL dunkler Waldhonig
1 Messerspitze Chilipulver
1 TL Kräutersalz

Für den Reis

100 g Langkornreis
500 ml Wasser
1 Bund Dill
10 getrocknete Pfirsiche
1 EL Ghee
1 Zitrone
1 EL Reisparfüm (siehe Kasten rechts)
1 EL Sonnenblumenöl

- Die Paprika waschen, den Deckel abschneiden und die Paprika entkernen.
- Die Petersilie und den Schnittlauch hacken.
- Den Ricotta mit den übrigen Zutaten vermischen und in die Paprika füllen.
- Den Reis gut waschen, in etwas Öl glasig dünsten, dann mit dem Wasser aufgießen und 10 Minuten kochen.
- Den Reis abschütten, zurück in den Topf geben und bei geschlossenem Deckel 15 Minuten ruhen lassen.
- Die Paprika in einer Auflaufform bei 180 °C für 10 Minuten in den Backofen geben.
- Den Dill waschen und fein hacken.
- Die Pfirsiche in feine Streifen schneiden.
- Das Ghee in einer Pfanne erhitzen und den Reis darin schwenken.
- Dill, Pfirsiche, Zitronensaft und Reisparfüm zugeben. 2 Minuten in der Pfanne verrühren.
- Die Paprika auf dem Reis anrichten und servieren.

REISPARFÜM ist eine Gewürzmischung, die Reisgerichten etwas Pep gibt. Sie lässt sich ganz einfach selbst herstellen und gut verschlossen mehrere Tage lagern.

Grundrezept für Reisparfüm:

100 g geröstete Mandelplättchen
1 EL gemahlener rosa Pfeffer
1 EL Meersalz
2 TL brauner Zucker
2 TL getrockneter Liebstöckel oder Oregano

Alle Zutaten im Mörser grob zerkleinern und luftdicht verschlossen aufbewahren.

Kinderburger

optional laktosefrei

optional vegan

kindergarten-getestet

1 kleine Zucchini
300 g Karotten (3–4 Stück)
2 EL Sonnenblumenöl
100 ml Gemüsebrühe
150 g Dinkelmehl
4 EL Haferflocken
3 Eier (optional 3 TL Pfeilwurzelmehl)
100 g TK-Erbsen, aufgetaut
1 EL edelsüßes Paprikapulver
1 TL Zimtpulver
Je 1 TL Salz und Pfeffer zum Abschmecken
Rapsöl zum Ausbacken
4 Mehrkornbrötchen
Blattsalat und Tomatenscheiben zum Dekorieren

Für die Remoulade

150 g fettarmer Frischkäse (optional Sojade)
2 TL süßer Senf oder Weißwurstsenf
1 EL Olivenöl
Je 1 Prise Pfeffer, Salz und Zucker

- Die Zucchini waschen und auf der groben Seite der Küchenreibe raspeln.
- Die Karotten schälen, in feine Scheiben schneiden oder hobeln und in Sonnenblumenöl glasig andünsten.
- Die Gemüsebrühe zugießen und die Karotten bei geschlossenem Deckel und mittlerer Hitze 5 Minuten ziehen lassen.
- Die Karotten in ein hohes Gefäß geben und fein pürieren.
- Die pürierten Karotten und alle weiteren Zutaten in eine Schüssel geben und gut vermischen. Mit Salz und Pfeffer abschmecken.
- Mit feuchten Händen aus der Masse 4 Burger formen und in Rapsöl goldbraun ausbacken.
- Für die Remoulade alle Zutaten gut verrühren.
- Die Brötchen halbieren, mit der Remoulade bestreichen, auf 4 Hälften die Burger setzen, mit Salat und Tomate belegen, mit den anderen Brötchenhälften bedecken.

Warmer Linsen-Reis-Salat

glutenfrei

100 g Langkornreis
100 g rote Linsen
1 rote Paprika
1 Brokkoli
1 Staude Sellerie
2 Karotten
1 Fenchelknolle
1 EL Ghee zum Anbraten
2 TL Currypulver
1 TL gemahlener Koriander
600 ml Gemüsebrühe
1 TL frisch gemahlener Pfeffer
Salz zum Abschmecken
2 EL Olivenöl
1 EL Birnenessig

- Den Reis und die Linsen mehrfach durchwaschen, bis das Wasser klar ist, abgießen und 10 Minuten ruhen lassen.
- Die Paprika waschen, halbieren, entkernen und in Streifen schneiden.
- Den Brokkoli waschen und die Röschen vom Strunk schneiden.
- Den Sellerie waschen und die Stängel in Scheiben schneiden.
- Die Karotten schälen und in Scheiben schneiden.
- Vom Fenchel die grünen Stielansätze abschneiden, die Fenchelknolle halbieren und den festen Mittelstrunk entfernen. Die restliche Knolle in kleine Würfel schneiden.
- Das Ghee in einem Topf erhitzen. Curry und Koriander zufügen und 30 Sekunden leicht erhitzen.
- Reis und Linsen abgießen, in den Topf geben und 2 Minuten unter Rühren glasig dünsten.
- Die Gemüsebrühe zugießen und alles bei geschlossenem Topf 15 Minuten köcheln lassen. Gelegentlich umrühren.
- Das Gemüse zugeben, alles gut vermischen und 10 Minuten ziehen lassen.
- Vor dem Servieren mit Essig und Öl mischen und mit Pfeffer und Salz abschmecken.

Buntes Pfannengemüse mit Fruchtessig-Ahornsirup-Dressing

glutenfrei

besonders fix

2 EL Ghee
Je 1 grüne, rote und gelbe Paprika, in dünne Streifen geschnitten
50 g Zuckerschoten
10 Babymaiskolben
4 EL Ahornsirup
3 EL Feigen- oder ein anderer Fruchtessig
Salz und Pfeffer zum Abschmecken

- Das Ghee in einer Pfanne erhitzen, darin das Gemüse 4 bis 5 Minuten auf mittlerer Hitze dünsten und mit dem Ahornsirup und dem Essig ablöschen.
- Kurz vor dem Servieren mit Salz und Pfeffer abschmecken.

Brokkoli mit Kokosflocken in Erdnuss-Sauce

glutenfrei

400 g Brokkoli
3 EL Ghee
1 rote Zwiebel, klein gehackt
1 grüner Chili, klein gehackt
3 EL Erdnussbutter
400 ml Kokosmilch
1 EL Kokosflocken
Salz und Pfeffer zum Abschmecken

- Den Brokkoli waschen, in kleine Röschen teilen, 1 Minute in kochendem Wasser blanchieren und abtropfen lassen.
- In einer Pfanne das Ghee erhitzen und darin kurz die Zwiebel und den Chili anbraten.
- Zum Schluss den Brokkoli zusammen mit der Erdnussbutter und der Kokosmilch für 3 bis 4 Minuten in die Pfanne geben und mit den Kokosflocken bestreuen.
- Mit Salz und Pfeffer abschmecken.

Kichererbsen-Kartoffel-Eintopf

laktosefrei

vegan

glutenfrei

besonders fix

4 Kartoffeln (ca. 400 g)
1 EL Paprikapulver
½ TL gemahlene Muskatnuss
4 EL Sonnenblumenöl
1 grüner Chili, gehackt
400 g Kichererbsen aus dem Glas oder der Dose (Abtropfgewicht)
500 g passierte Tomaten (aus der Dose)
1 EL Rohrzucker
500 ml Gemüsebrühe
2 TL frisch gemahlene rosa Pfefferbeeren
Salz zum Abschmecken

- Die Kartoffeln schälen und in Würfel schneiden.
- Einen Topf auf mittlerer Stufe erhitzen. Paprikapulver und Muskat darin 20 Sekunden ohne Fett anrösten.
- Das Öl zugeben und Chili, Kichererbsen und Kartoffeln unter Rühren 3 Minuten anbraten.
- Die passierten Tomaten, den Zucker und die Gemüsebrühe zugeben und 15 Minuten köcheln lassen.
- Vor dem Servieren die Pfefferbeeren zugeben und mit Salz abschmecken.

Gemüse-Pommes mit süß-saurem Ananasdip (Pakora-Variation)

laktosefrei

vegan

glutenfrei

kindergarten-getestet

Für 20 bis 25 Gemüse-Pommes

150 g feines Kichererbsenmehl
180 ml Wasser
1 Zucchini
1 Karotte
1 TL gemahlener Koriander
1 TL edelsüßes Paprikapulver
1 TL Kurkuma
1 TL Zimtpulver
¼ TL Chilipulver
1 TL Backpulver
Öl zum Ausbacken

- Das Gemüse waschen, schälen, sehr klein schneiden oder raspeln, mit den restlichen Zutaten vermischen und in eine Spritztülle geben.
- Das Öl erhitzen und mit der Spritztülle fingerdicke Streifen in die Pfanne pressen.
- Die Gemüse-Pommes von beiden Seiten goldbraun ausbacken.

Für den Ananasdip

1 Schalotte
1 fingerdicke Scheibe frische Ananas
2 EL Sesamöl
1 EL Fruchtessig
1 EL Rohrzucker
150 ml Ananassaft
½ TL in etwas Wasser verrührte Stärke
Salz zum Abschmecken

- Die Schalotte schälen und zusammen mit der Ananas in feine Würfel schneiden.
- Das Sesamöl in einer Pfanne erhitzen. Ananas und Schalotte im Öl 3 Minuten glasig dünsten.
- Alle weiteren Zutaten zufügen und in etwa 10 Minuten zu einer dicklichen Sauce einkochen.

Gemüse-Reis-Törtchen mit Kiwi-Chutney

glutenfrei

200 g Basmatireis
5 EL Ghee
1 Liter Wasser, leicht gesalzen
1 EL fein gehackter Ingwer
1 TL gemahlener Kreuzkümmel
2 TL gemahlener rosa Pfeffer
1 TL zerstoßener Koriander
1 Prise Asafötida
1 EL Currypulver
400 g gemischtes Gemüse nach Wahl, gewaschen und klein geschnitten (z. B. Karotten, Sellerie, Paprika etc.)
400 g Naturjoghurt oder Sojajoghurt
Salz zum Abschmecken

- Den Reis mehrmals gut waschen, bis das Wasser klar ist.
- Den Reis in 3 Esslöffel Ghee 3 Minuten dünsten, bis er glasig ist. Das Wasser zugießen und den Reis 8 Minuten kochen.
- Danach den Reis abgießen, zurück in den Topf geben und zugedeckt 10 Minuten ruhen lassen.
- Den Ingwer kurz im restlichen Ghee glasig dünsten.
- Die Gewürze und das Gemüse zugeben und 3 Minuten anbraten. Es soll noch bissfest sein.
- Das Gemüse etwas auskühlen lassen und mit dem Joghurt vermischen.
- Nun abwechselnd eine Schicht Reis, Gemüse und wieder Reis in eine kleine, runde gefettete Form füllen und bei 160 °C für 10 Minuten in den Ofen geben.

Für das Chutney

1 EL Sonnenblumenöl
Saft einer Orange
3 Kiwis, geschält und klein geschnitten
1 TL gehackter frischer grüner Chili
1 TL Rohrzucker
1 Prise Salz
50 g Cashewkerne, geröstet und gehackt

- Das Sonnenblumenöl in einer Pfanne erhitzen. Die Kiwis und den Chili 2 Minuten darin anbraten.
- Die restlichen Zutaten zufügen und in 5 bis 8 Minuten einreduzieren lassen.
- Zum Schluss etwas von dem Chutney um die Törtchen geben.

Kartoffel-Koriander-Taler mit Karottengemüse

optional laktosefrei

optional vegan

kindergarten-getestet

Für die Kartoffel-Koriander-Taler

600 g mehlig kochende Kartoffeln
4 EL Olivenöl
2 Eier (optional 2 TL Pfeilwurzelmehl)
10 Zweige frischer Koriander
120 g Maisgrieß
1 EL mittelscharfer Senf
1½ TL Salz
½ TL Pfeffer
½ TL Muskatnuss
3 EL Ghee (optional Sonnenblumenöl)

- Die Kartoffeln weich kochen, pellen und durch die Kartoffelpresse drücken (oder mit einem Küchenstampfer fein stampfen).
- Mit Olivenöl, Senf und Eiern vermischen.
- Den Koriander waschen, klein hacken und zum Kartoffelteig geben.
- Den Maisgrieß untermischen, mit Salz, Pfeffer und Muskatnuss abschmecken.
- Den Teig 10 Minuten ruhen lassen.
- Danach Taler formen und im Ghee oder Sonnenblumenöl von beiden Seiten goldbraun braten.

Für das Karottengemüse

1 EL Ghee (optional Sonnenblumenöl)
3 Frühlingszwiebeln, in dünne Scheiben geschnitten
1 grüne Chilischote, klein gehackt
1 TL Kreuzkümmelsamen
400 g Karotten, in dünne Scheiben geschnitten
4 EL Tomatenmark
3 EL Sahne (optional Sojade)

- Das Ghee oder Sonnenblumenöl in einer Pfanne erhitzen, die Frühlingszwiebeln, die Chili und den Kreuzkümmel kurz anbraten.
- Die Karotten zugeben und 5 Minuten mitdünsten.
- Die Mischung jetzt mit Tomatenmark und der Sahne oder Sojade verfeinern und mit Salz und Pfeffer abschmecken.
- Zusammen mit den Kartoffel-Koriander-Talern servieren.

Pure Hingabe

Kochen für Kinder und Familie

Eigentlich mag Jakob (3) kein Gemüse. Kekse sind okay, auch Reis und Nudeln ohne alles. Spürt er in einem Gericht die geringsten Spuren von Frischware oder Gewürzen, lautet die Devise: ohne mich. Zwei einfach zuzubereitende Teiggerichte brachten die Wende: Während unserer Kochsession im Münchner Kindergarten »Auer Kindernest« kratzte er zuerst routinemäßig Obst und Gemüse von der Teigplatte. Doch ein vergessenes Stück Zucchini in milder, leicht süßlicher Currymischung war der Anlass, nach dem Verzehr des Blätterteigs auch das verschmähte Gemüse zu genießen …

Sie sind die Menschen mit den klarsten Prioritäten, der größten Fähigkeit zur Konzentration und dem direktesten Feedback auf alles, was ihnen gefällt – oder auch nicht: Dass Kinder etwas ganz Besonderes sind, spüren viele Eltern unter anderem am Essverhalten. Bei meinen Workshops stellen mir leicht verzweifelte Mütter immer wieder Fragen nach einer möglichst vernünftigen Ernährung für die Kleinsten. Aus der Sicht des Ayurveda ist dieses Thema weitaus weniger komplex, als man zunächst annehmen möchte.

Dies zeigt ein kleiner Ausflug in die ayurvedische Elementenlehre: Kinder sind hauptsächlich von den Wirkungen des Kapha-Doshas und seinen Elementen Wasser und Erde geprägt. Kapha steht für Wachstum, Ruhe und Stabilität. Für Kinder als heranwachsende »Keimlinge« gelten diese Attribute in ganz besonderer Weise. Die Geschmacksrichtung, die sich aus Wasser und Erde bildet, ist süß. Aus diesem Grund haben ganz viele Kinder einen starken Hang zu Süßem. Aus der Stabilität und Standhaftigkeit des Kapha-Doshas lässt sich erklären, warum Kinder problemlos über Wochen dasselbe Gericht essen können. Es ist Teil ihrer (noch) unbeirrten Natur.

Eine weitere Eigenschaft des Kapha-Doshas ist Kälte. Warme Gerichte sorgen für Ausgleich, sie wirken beruhigend und stärkend auf die Kinder. Es besteht also kein Grund zur Verzweiflung, wenn Kinder nur Pizza wollen. Die Lösung besteht darin, gemeinsam mit den Kleinen eine leckere, selbstgemachte Pizza zu backen. Den Teig kann man wie Schneebälle formen, beim Ausrollen kräftig draufhauen, hervorragend von ihm naschen und beim Belegen auf seiner Oberfläche Gesichter bauen. Und weil in jedem Kind ein kleiner Künstler steckt, kann man das selbst hergestellte Essen anschließend in einem selbst gemalten Bild festhalten!

Kinder sind extrem anspruchsvolle und sensitive Esser. Das liegt unter anderem daran, dass sie noch die meisten Geschmacksknospen auf der Zunge haben. Wie in vielen anderen Bereichen sind Kinder auch hier noch herrlich offen. Ihre Rückmeldung zu langweiligem Essen ist spontan und direkt: Da kann schon mal Spinat durch die Küche fliegen ...

Ich kann alle Eltern nur ermutigen, ruhig in die Gewürzkiste (z. B. Paprika, süßes Curry) und ins Kräuterbeet zu greifen. Solange süßer Geschmack mit wärmendem Charakter dominiert, ist alles gut. Alternativen zu weißem Zucker sind Honig (aber nicht über 40 °C erhitzen, sonst gehen wichtige Inhaltsstoffe verloren), Ahorn- oder Agavensirup sowie Palmzucker.

Entspannen Sie sich, wenn der Nachwuchs keinen Salat will. Die kalten, trockenen, bitteren Eigenschaften laufen den Bedürfnissen vieler Kinder entgegen. Es ist, als ob man versucht, ein rundes Puzzlestück in eine eckige Öffnung zu pressen: hoffnungslos ... Mehr Sinn macht es, sich auf die Natur der Kinder einzulassen. In feste Systeme werden sie früh genug gepresst. Vorher sind eine beerige Obstpizza oder ein Blätterteig mit Süßrahm und Gemüse eine ausgesprochen genussreiche Erfahrung.

We Are Family

Sich bewusst zu ernähren, auf eine gesunde Lebensweise zu achten, sich gesellschaftlich zu engagieren, fremde Kulturen zu erforschen und spirituelle Neugier zu entfalten: kein Problem beim materiell gut gestellten

modernen Single. Wie aber sieht die Lage aus, wenn man Verantwortung für andere trägt? »Eine der komplexesten und wirkungsvollsten aktivistischen Herausforderungen des Lebens besteht meiner Meinung nach in der Kindererziehung. Diese selbstlose Hingabe erstreckt sich eben nicht nur auf einen Monat humanitärer Arbeit in einem Entwicklungsland. Als Familie zu leben ist Aktivismus pur. Eine bewusste Ernährung ist Aktivismus pur. Bedachter, informierter Konsum – alles radikale Aktionen«, sagt die amerikanische Yogalehrerin Seane Corn.

In puncto »Selbstverwirklichung« hat der Begriff der Hingabe, vor allem an die Bedürfnisse der Familie, keinen ausschließlich guten Ruf. Dies zeigt auch die aktuelle Debatte um die scheinbaren und wirklichen Errungenschaften der feministischen Bewegung. Aber auch losgelöst von Themen wie doppelte Herausforderung durch Beruf und Familie, Mangel an Kindergartenplätzen und Leistungsprinzip in der Erziehung steht fest: Die Familie muss (optimalerweise gemeinsam) essen. Damit es allen schmeckt, kann man bei Kindergerichten mit kleinen Tricks arbeiten und zusätzliche Süße hinzufügen. Um die Schärfe zu reduzieren und sie dem Geschmacksempfinden der Kleinen anzupassen, verwendet man einfach weniger Chilis. Guten Appetit!

Rezeptvorschläge

- Grießbrei mit frischen Brombeeren Seite 44
- Kinderburger Seite 152
- Schoko-Kokos-Creme Seite 69
- Gemüse-Pommes mit süß-saurem Ananasdip Seite 159

verschärft:

Chutneys

Unerträglich unwiderstehlich: Ein Chutney sollte so scharf sein, dass man es kaum essen kann – und so süß, dass man nicht widerstehen kann! In Indien dürfen Chutneys als begleitende Dips bei keiner Mahlzeit fehlen.

Die Grundidee ist denkbar einfach. Zutaten der unterschiedlichen Geschmacksrichtungen werden möglichst fein geschnitten, kurz angebraten und dann langsam einreduziert, bis eine scharfe, würzige und umwerfend süße Köstlichkeit übrig bleibt.

Chutneys passen zu Currys, Reis, Nudeln, Gemüse, Brot und eigentlich allem, worauf man sie streichen kann.

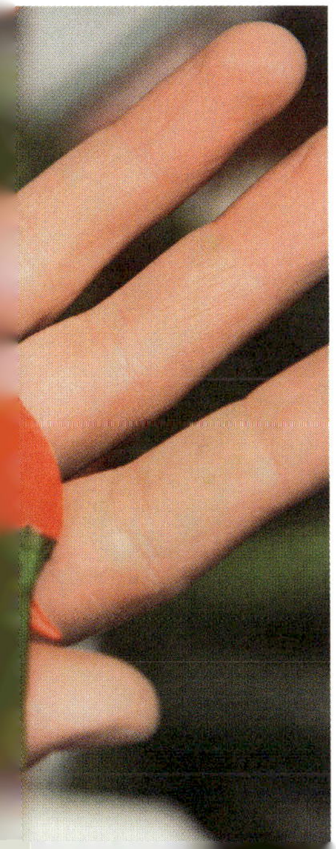

Kürbis-Apfel-Chutney mit frischer Minze

optional laktosefrei

optional vegan

glutenfrei

besonders fix

1 kleiner Hokkaidokürbis, ca. 500 g
2 säuerliche Äpfel (z. B. Boskop)
1 TL Ghee (optional 1 EL Sonnenblumenöl)
250 ml Orangensaft
Saft einer Zitrone
1 EL Fruchtessig
1 EL Rohrzucker
1 Prise Salz
1 Prise Muskatnuss
½ TL gemahlener Pfeffer
15 Blättchen frische Minze (der Rest vom Bund ergibt einen wohlschmeckenden frischen Pfefferminztee!)

- Den Kürbis waschen, halbieren, entkernen und in Würfel schneiden.
- Die Äpfel waschen, entkernen und in Würfel schneiden.
- Die Kürbis- und Apfelwürfel in Ghee oder Öl auf mittlerer Hitze 4 bis 5 Minuten andünsten.
- Die Säfte, den Essig, den Zucker und die Gewürze zugeben und das Chutney 10 bis 15 Minuten unter Rühren einkochen lassen, bis alle Flüssigkeit verdampft ist.
- Wenn das Chutney ausgekühlt ist, die Minze von Hand in kleine Stücke zupfen und dann untermischen.

TIPP: Minze reagiert äußert empfindlich auf Metall und wird beim Schneiden sofort bräunlich. Durch das Zupfen von Hand bleibt die Farbe länger erhalten.

Tomaten-Karotten-Chutney

optional laktosefrei

optional vegan

glutenfrei

besonders fix

4 Fleischtomaten, ca. 800 g
2 Karotten
1 roter Chili
1 TL Ghee (optional 1 EL Sonnenblumenöl)
1 EL Rohrzucker
1 Prise Salz
Saft einer Zitrone
250 ml Orangensaft
1 EL Fruchtessig (z. B. Apfel-, Trauben- oder Kirschessig)

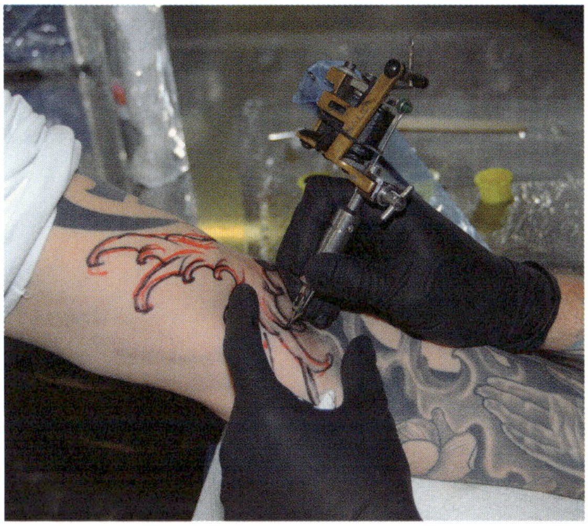

- Die Tomaten waschen, vierteln, entkernen und in Würfel schneiden.
- Die Karotten waschen, schälen und ebenfalls in Würfel schneiden.
- Die Chili waschen und in feine Streifen schneiden.
- Tomaten, Karotten und Chili in Ghee oder Sonnenblumenöl in 4 bis 5 Minuten glasig dünsten.
- Den Zucker, das Salz, die Fruchtsäfte und den Essig zugeben.
- Die Hitze etwas erhöhen und das Chutney 10 bis 15 Minuten unter Rühren einkochen lassen, bis alle Flüssigkeit verdampft ist.

Zucchini-Birnen-Walnuss-Chutney

optional laktosefrei

optional vegan

glutenfrei

besonders fix

50 g Walnüsse
1 Zucchini
1 rote Chili
2 Birnen
1 EL Ghee (optional Sonnenblumenöl)
Saft einer Zitrone
250 ml Birnensaft
1 EL Fruchtessig
1 EL Rohrzucker
1 Prise Salz

- Die Walnüsse in einer Pfanne ohne Fett anrösten, dann klein hacken.
- Die Zucchini waschen und in Würfel schneiden.
- Die Chili entkernen und in feine Streifen schneiden
- Die Birnen waschen, entkernen und in Würfel schneiden.
- Zucchini, Chili und Birnen in Ghee auf mittlerer Hitze 4 bis 5 Minuten andünsten.
- Die Säfte, den Essig, die Walnüsse sowie Zucker und Salz zugeben und das Chutney 10 bis 15 Minuten unter Rühren einkochen lassen, bis alle Flüssigkeit verdampft ist.

Süßes Zwiebel-Chutney auf Ciabatta mit gebratenen Pimientos

optional laktosefrei

optional vegan

glutenfrei

besonders fix

2 rote Zwiebeln
1 TL Ghee (optional Sonnenblumenöl)
1 TL Rohrzucker
200 ml Multivitaminsaft
1 Prise Salz
4 Scheiben Ciabatta oder anderes Brot
200 g Pimientos (Mini-Paprika)
2 EL Olivenöl
1 TL grobes Meersalz

- Die Zwiebeln fein würfeln und zusammen mit dem Zucker in Ghee 3 bis 4 Minuten dünsten, bis sie glasig sind.
- Den Saft und das Salz zugeben und einkochen lassen, bis die Flüssigkeit verdampft ist.
- Das Brot entweder toasten oder in einer Pfanne kurz erhitzen. Wer möchte, kann es mit etwas Olivenöl beträufeln und dann mit dem Zwiebel-Chutney bestreichen.
- Die Pimientos im Olivenöl 4 bis 5 Minuten anbraten, bis die Haut anfängt, Blasen zu werfen.
- Kurz vor dem Servieren mit dem groben Meersalz bestreuen.

Birnen-Raita (Joghurtsauce)

optional laktosefrei

optional vegan

glutenfrei

besonders fix

2 Birnen
1 grüne Chilischote, gehackt
1 TL frischer Ingwer, gehackt
1 EL Sonnenblumenöl
200 g Naturjoghurt (optional Sojade)
1 TL Rohrzucker
1 Prise Kräutersalz
2 EL Kokosflocken

- Die Birnen schälen, in Würfel schneiden und zusammen mit der Chili und dem Ingwer 3 Minuten in Sonnenblumenöl andünsten.
- Alles in eine Schüssel geben und mit den restlichen Zutaten vermischen.

> ***Hinweis zu Joghurt und Früchten:***
> Aus der Sicht des Ayurveda soll man Milch mit sauren Früchten wie Kiwi, Ananas oder Papaya nicht kombinieren. Diese Mischung kann schnell im Magen gären und die Verdauung stören.

Gurken-Raita

optional laktosefrei

optional vegan

glutenfrei

besonders fix

1 kleine Salatgurke
1 EL gehackter frischer Ingwer
1 EL Sonnenblumenöl
Abgeriebene Schale einer Limette
1 Prise Kräutersalz
1 TL zerstoßener roter Pfeffer
1 EL Rohrzucker
4 EL Kokosflocken
250 g Naturjoghurt (optional Sojade)

- Die Gurke schälen, die Kerne mit einem Löffel ausschaben und die Gurke mit dem Gemüsehobel grob hobeln.
- Den Ingwer im Sonnenblumenöl3 Minuten glasig dünsten.
- Alle Zutaten mit dem Joghurt über die Gurke geben und gut verrühren..

Apfel-Chili-Raita

optional laktosefrei

optional vegan

glutenfrei

besonders fix

1 TL Kreuzkümmelsamen
50 g gemahlene Mandeln
2 Äpfel
1 grüne Chilischote, gehackt
1 EL Sonnenblumenöl
Je 5 Blätter frisches Basilikum und frische Minze
200 g Quark (optional Sojade)
½ TL frische Thymianblätter
1 TL Rohrzucker
1 Prise Salz

- Für die Raita Kreuzkümmel und Mandeln in einer Pfanne ohne Fett anrösten.
- Die Äpfel schälen, entkernen und fein hacken. Zusammen mit der Chili 3 Minuten in Sonnenblumenöl andünsten.
- Die Äpfel anschließend 10 Minuten auskühlen lassen.
- Basilikum und Minze klein zupfen. Mit dem Quark und allen anderen Zutaten vermischen.

Chapatis

optional laktosefrei

optional vegan

besonders fix

Chapatis (Fladenbrote) sind die einfachsten aller Beilagen. Sie passen vor allem zu Chutneys und anderen Saucen.

Das Grundrezept besteht aus

200 g Weizenvollkornmehl
100 ml Wasser
1 EL Öl (optional Ghee)
1 Prise Salz

- Die Zutaten werden zu einem geschmeidigen Teig vermischt.
- Daraus werden kleine Bällchen geformt, ganz dünn ausgerollt und in einer heißen Pfanne ohne Fett von jeder Seite 2 bis 3 Minuten gebacken.
- Kurz vor dem Servieren kann man sie noch mit etwas Ghee bestreichen.

> Daneben gibt es unzählige Variationen: Man kann weitere Gewürze (z. B. Kreuzkümmel, Chili) in den Teig geben, auch frische Kräuter wie Koriander, Petersilie, Schnittlauch und Bohnenkraut bieten sich an. Bestreichen kann man die Chapatis nicht nur mit Chutneys, sondern mit allem, was die Küche hergibt.

Urbane Streifzüge

Ayurveda in der Großstadt

»Stadtluft macht frei« hieß es bereits im Mittelalter. Tatsächlich bietet das Leben in einer Großstadt eine Fülle an Möglichkeiten, aus denen jeder individuell schöpfen kann. Neben vielfältigen kulturellen und kulinarischen Angeboten inspiriert die internationale Szene, die Multi-Kulti-Gesellschaft. Meinungsvielfalt in allen Lebensbereichen ist geboten, das Konsumverhalten könnte kontrastreicher nicht sein: Während meiner Zeit in Berlin traf ich auf die unterschiedlichsten Menschentypen und Lebensentwürfe – von Hauptstadt-Szenegängern und Künstlern über Medienschaffende und Studenten in WGs bis hin zu den Standbesitzern auf dem Wochenmarkt.

Ein kulinarisches Abbild der Großstadt-Erfahrung bieten die Chutneys, würzige Dips, die häufig als Begleiter der ayurvedischen Gerichte auftauchen, um ihre Geschmackspalette zu erweitern. In diesen Rezepten treffen vermeintlich widersprüchliche Zutaten aufeinander und verbinden sich unterschiedlichste Geschmacksrichtungen zu einem gleichzeitig aufregenden und harmonischen Ganzen.

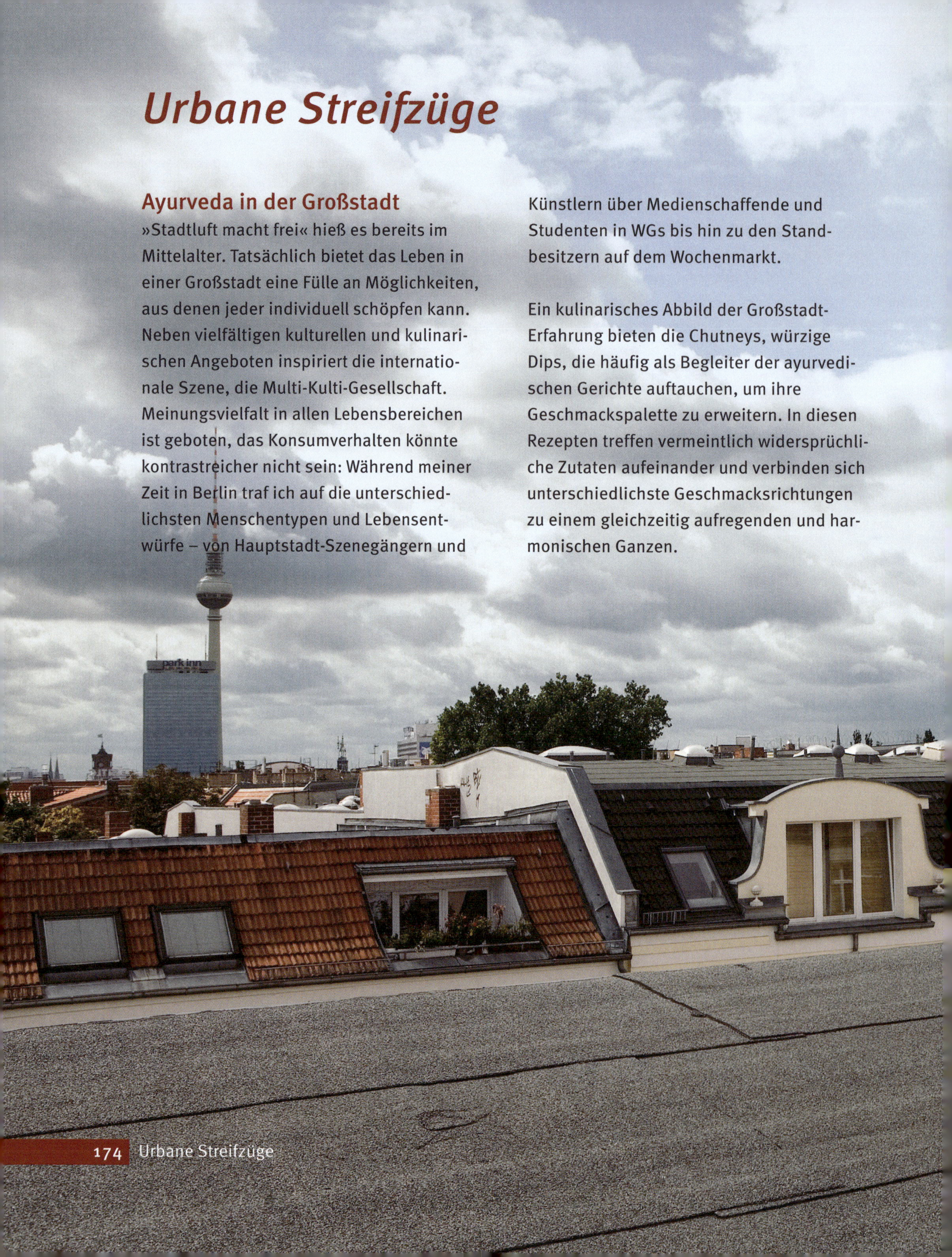

Rezeptvorschläge

- Warmer Linsen-Reis-Salat ▶ Seite 154
- Kichererbsen-Kartoffel-Eintopf ▶ Seite 157
- Kürbis-Apfel-Chutney mit frischer Minze ▶ Seite 168

erfrischend:

Drinks

Diese Cocktails haben es in sich: Mit ayurvedischen Getränken lässt es sich bestens entschlacken, wärmen, kühlen und entgiften. Der Klassiker unter ihnen ist schlichtes warmes Wasser, das 10 Minuten gekocht wird und über den ganzen Tag getrunken werden kann. Sein Vorteil: Durch das Kochen wird sein Geschmack süßer. Außerdem ändert sich durch das Kochen die Molekularstruktur des Wassers, womit es sich der Beschaffenheit des Wassers in den Körperzellen annähert und den Entgiftungsaustausch beschleunigt. Mit ein bisschen Ingwer und/oder Zitronensaft der reine Genuss!

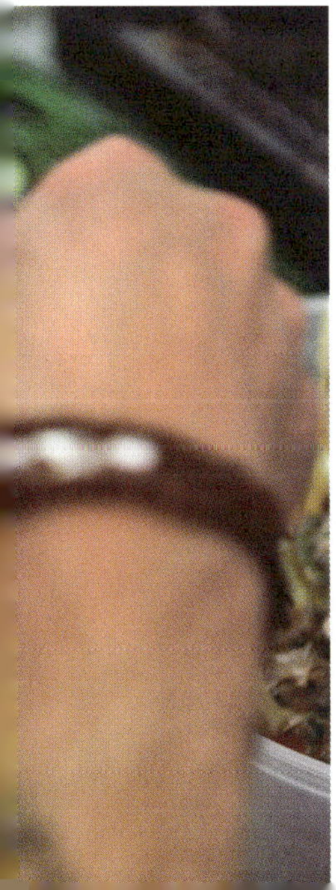

Blaubeer-Minze-Lassi

optional laktosefrei

optional vegan

glutenfrei

besonders fix

700 g Blaubeer-Joghurt
(optional Sojade)
300 ml stilles Wasser
1 Prise Salz
250 g frische Blaubeeren
1 EL Honig
15 Blättchen frische Minze

- Alle Zutaten in einem hohen Gefäß pürieren.

Himbeer-Mandel-Lassi

optional laktosefrei

optional vegan

glutenfrei

besonders fix

700 g Himbeer-Joghurt
(optional Sojade)
300 ml stilles Wasser
250 g frische Himbeeren
1 EL Honig
1 Prise Salz
2 EL gemahlene Mandeln

- Alle Zutaten in einem hohen Gefäß pürieren.

> ***Hinweis:*** Bitte kühl, aber nicht eiskalt genießen.

Alkoholfreie Entgiftungs-»Bloody Mary«

optional laktosefrei

glutenfrei

besonders fix

200 g Naturjoghurt
(optional Sojade)
200 ml Wasser
200 ml Tomatensaft
400 ml Karottensaft
2 Selleriestangen, klein geschnitten
1 Bund Petersilie
15 Blätter Basilikum
1 EL Olivenöl
2 EL Honig
Je ¼ TL gemahlener Kreuzkümmel
und schwarzer Pfeffer
1 Prise Salz

● Alle Zutaten in einem hohen Gefäß pürieren.

Frischer Basilikum-Tee

laktosefrei

vegan

glutenfrei

besonders fix

TIPP: Dieser Tee eignet sich gut bei Erkältungen. Dann am besten noch vorher einen Löffel Honig pur nehmen. Honig enthält Stoffe mit antibiotischer Wirkung und ist dazu ein guter Schleimlöser. Honig aber nie über 40 Grad erhitzen, da sonst die kostbaren Inhaltsstoffe verlorengehen!

Zutaten für eine Tasse

4 Basilikumblätter
2 Stücke frische Ananas
1 Kardamomkapsel
Evtl. etwas Ingwer

- Einfach alles mit heißem Wasser überbrühen und 10 Minuten ziehen lassen.
- Die Ananas schmeckt hinterher lauwarm ganz köstlich.

Göttliche Party

Feiern und positive Anarchie in Techno, Punk und Ayurveda

Die Worte »Fest« und »Feiern« bezeichneten ursprünglich ein besonderes Ereignis und eine besondere Zeit für die gesellige Begegnung mit Gott. In dieser Deutung stecken gleich zwei wichtige Aspekte. Zum einen die Geselligkeit: Für eine gute Feier, die Freude bereitet, ist immer eine Gemeinschaft von Menschen erforderlich, denn Freude multipliziert sich im Austausch mit anderen Menschen. Ohne die Widerspiegelung in einem anderen Menschen kann uns Freude nicht wirklich erfüllen.

Zum anderen die Begegnung mit Gott: Nach der Bibel ist jede Feier und die Gemeinschaft mit anderen Menschen auch ein göttliches Ereignis. Jesus sagt im neuen Testament: Wo zwei oder drei in meinem Namen versammelt sind, bin ich mitten unter ihnen! Hier betont er ganz klar die Gemeinschaft von mindestens zwei Menschen als Zeichen der göttlichen Präsenz.

Viele Religionen sehen das Göttliche im Menschen als »inneres Universum« und damit als Abbild des großen Universums. Im Erleben mit anderen, im Feiern mit anderen kann sich eine vage Ahnung dieses Göttlichen zur klaren, reinen Erkenntnis steigern. Zu jeder Zeit wiesen die Menschen Festen bestimmte Tage, Orte und Rituale zu. Wir brauchen diese Leuchttürme als Zeichen und Impulse, die uns aus dem Alltag herausholen und uns Zeit für das Besondere geben.

Einen festen Platz innerhalb dieser Rituale hatte schon immer ein gemeinsames Mahl eingenommen. Viele rituelle Handlungen werden mit einem Festessen beendet. Im Gottesdienst bildet die gemeinsame Eucharistie den Höhepunkt der Liturgie. In Brot und Wein zeigt Gott seine Präsenz, an der jeder teilhaben soll. Jede Hochzeit, Taufe und Beerdigung endet mit einem gemeinschaftlichen Essen. Auch manche politischen Entscheidungen werden nicht ausschließlich in Plenarsälen, sondern auch in Bars und Restaurants getroffen. Nicht umsonst ist bis heute für viele Diplomaten eine gewisse Trinkfestigkeit Grundvoraussetzung für eine erfolgreiche Tätigkeit. Bei einem Essen lösen sich Grenzen und Barrieren auf, es geht um das gemeinsame Erleben, den Genuss und das Feiern der eigenen Göttlichkeit. Somit ist ein zelebriertes, bewusstes Essen viel mehr als nur das kollektive Auffüllen leerer Mägen.

Im Rahmen des gemeinsamen Feierns kann es nach strengen Regeln und hoch zeremoniell zugehen, oft aber auch wild und unkontrolliert wie in der jahrhundertealten Tradition des Karnevals mit seiner anarchischen Ekstase. Zeitgeistige Ausläufer sind die Techno-, Elektro- und Punkclubs. Die meist schnelle, hart getaktete Musik, die dort gespielt wird, und die Stilisierung der Bands und DJs zu Zeremonienmeistern verbinden die feiernden Menschen(massen) zu einer rauschhaften Einheit, die über das reine Tanzen und Musikhören hinausgeht.

Das fordert mental und körperlich – sowohl das Publikum als auch die Künstler. Nicht umsonst hört man von Szene-DJs wie Sven Väth und Paul Kalkbrenner, dass sie zur Reinigung und Entgiftung regelmäßig Ayurveda-Kuren in Indien und Sri Lanka machen: »Drei Wochen Ayurveda-Kur und Elefanten – volles Programm«, resümiert Kalkbrenner im SZ-Magazin. »Es ist schon erstaunlich, wie gut das tut – und wie schnell man sich an einem Wochenende den Effekt wieder ruinieren kann.«

Auch Arno Kammermeier – neben Walter Merziger die andere Hälfte des Berliner Elektronik-Duos *Booka Shade* – findet in Yoga und Ayurveda den Ausgleich für seine Tätigkeit, die für die meisten überhaupt nichts mit Alltag zu tun hat: »In der Musik kann es keine Kompromisse geben«, so der Künstler. »Man muss alles auf seine Essenz reduzieren und immer wieder hinterfragen: Fühle ich wirklich, was ich da tue? Liebe ich es wirklich?« In einer Zeit, in der jeder Amateur auf seinem Computer einen Track komponieren kann, der auf der Tanzfläche funktioniert, ist für das Duo die individuelle Handschrift das Wesen ihrer Musik.

Das Feedback des Publikums gibt *Booka Shade* recht: Egal, ob in Australien, den USA oder Asien, ihre Sessions funktionieren grenzübergreifend und brachten weltweite Clubhits wie »Body Language« oder »Mandarine Girl« hervor. Ihr Rezept für das

Glück der Massen? »Tiefer gehen, wenn es bereits schmerzt«, sagt Arno Kammermeier und meint dies positiv. Ihre künstlerischen Ressourcen schöpfen die Musiker, die sich seit der Schulzeit kennen und ihren Hintergrund im britischen New Wave der frühen 80er Jahre, Filmmusik und Klassik haben, aus der gemeinsamen Chemie und der Energie, die sie von ihren Fans bekommen: »Ein Ping-Pong-Effekt«, so Kammermeier. Für ihn geht Tanzmusik mit ihren sich wiederholenden Beats an den menschlichen Ursprung. Das Resultat lautet »Trance« – eine universelle Größe. Diese internationale (Körper)sprache fordert allerdings ihren Tribut. Phasenweise pausenloses Reisen, die Nacht zum Tage machen, bis zur Erschöpfung Energie geben. »Mein Körper ist meine Maschine«: Damit meint Kammermeier ein System, das gehegt, gepflegt und manchmal entgiftet werden muss – durch Yoga und bewusste Ernährung, für die ich ihm im Berliner *Booka-Shade*-Studio einige Tipps geben konnte.

Hör dich glücklich – Arno Kammermeiers akustische Top Ten für Kochen, Yoga, Entspannen und mehr …

1. *Lux* – Northern Lights
2. *Justus Köhncke* – Timecode
3. *B-Tribe* – The Sun
4. *Booka Shade* – Outskirts
5. *Helios* – Halving The Compass
6. *Subway Bhaktis* – Tibetan Tantra Tara Mantra
7. *Aphex Twin* – Xtal
8. *William Fitzsimmons* – I Don't Feel It Anymore (Song of the Sparrow)
9. *Junior Boys* – Like A Child
10. *Dølle Jølle* – Balearic Incarnation (Todd Terje's Extra Døll Mix)

Anarchische Achtsamkeit

Feiernde Techno-Fans sind ein Beispiel. Eine andere Gruppe, die zumindest im konventionellen Denken unter Exzess-Verdacht steht, sind die Punks. Doch auch in dieser Community gibt es seit etwa 30 Jahren eine Strömung, die sich bei aller Ekstase durch die Musik der Achtsamkeit gegenüber sich selbst und anderen Lebewesen widmet. In der sogenannten »Straight-Edge«-Szene spielen der Verzicht auf Alkohol, Drogen und tierische Lebensmittel eine wichtige Rolle. Diese Haltung des bewussten Konsums und Protests gegen manipulierende Autoritäten – ganz in der anarchischen Tradition des Punk, jedoch positiv – entstand in den USA und hat in Deutschland zwei engagierte Protagonisten: Joachim Hiller und seine Frau Uschi Herzer, die in Solingen das Punk-Fachmagazin »Ox«, die »Ox«-Kochbücher und die dem Veganismus verpflichtete Zeitschrift »Kochen ohne Knochen« herausgeben.

Sich von Gewohnheiten zu befreien, statt sich selbst zu zerstören: Ein Weg in diese Richtung führt laut Hiller und Herzer über das Kochen. Ihre Überzeugung lautet: »Letztendlich kann und sollte jeder kochen, auch als Teil nicht-konformistischen Verhaltens. Sein eigenes Ding zu machen und nichts Vorgesetztes wie das Glutamat-Fertiggericht zu akzeptieren ist einfach gesünder – und macht mehr Spaß.« Diese Einstellung nenne ich einfach – Ayurveda …

Rezeptvorschläge

- Alkoholfreie Entgiftungs-»Bloody Mary« ▶ Seite 180
- Apfelsuppe mit Kardamom ▶ Seite 103
- Kartoffelsalat mit Joghurt-Petersilien-Dressing ▶ Seite 117

Wunderbare Regeneration

Wer gerne und ausgiebig feiert, hat meist gelernt, seinem Körper in solchen (und auch anderen) Zeiten besonderer Beanspruchung auch besondere Aufmerksamkeit zu schenken. Als ehemaliger Fastnachter weiß ich noch ganz genau, wie es sich anfühlt, nach viel zu viel Alkohol und Zigaretten einen ganzen Tag im Bett zu liegen, nur damit ich für die Sitzung am nächsten Abend wieder »einsatzfähig« war. Dabei hat mich immer erstaunt, wie schnell sich der Körper nach solchen Exzessen wieder regeneriert.
In Bezug auf Reinigung und Regeneration ist der Körper ein fantastisches Wunderwerk. Es ist schon erstaunlich, wie viel Arbeit und Disziplin dazu gehören, dieses Wunderwerk zum Kollabieren zu bringen. Erst nach Jahren unpassender Ernährung, Stress, unzähligen Zigaretten und kanisterweise Alkohol hat man den Mount Everest der Selbstzerstörung erklommen. Nun spricht natürlich nichts gegen Feiern, aber ein bisschen Unterstützung bei der Regeneration wird der Körper dankend annehmen! An dieser Stelle benutze ich absichtlich nicht den Begriff »Entschlackung«, der pauschal jedem die Eigenschaft eines verstopften Abflussrohrs unterstellt. Lieber nenne ich es »temporäre Regenerationshilfe«.
Fakt ist natürlich aber auch: Je länger nichts getan wurde, desto heftiger müssen die Gegenmaßnahmen sein. Jahrelanges Nicht-Ausmisten des Kellers wird sich irgendwann rächen und verstärkten Arbeitseinsatz erfordern.

Regeneration hat vor allem mit erhöhter Selbstwahrnehmung, sprich Achtsamkeit zu tun. Ich mache mir klar, dass mein Körper von Zeit zu Zeit eine besondere Hinwendung braucht, damit ich mein Leben weiterhin lustvoll und intensiv genießen kann.
Unter diesem Aspekt haben Regenerationsmaßnahmen nichts mit Quälerei zu tun, sondern mit aktiver Steigerung der Lebensqualität.
Der Ansatz im Ayurveda war schon immer, lieber einmal am Tag fünf Minuten zu investieren als einmal im Jahr sechs Wochen.

Und wenn es einmal doch zu hoch herging, hier mein Tipp für einen wunderbaren Regenerationstag:

- Nach dem Aufstehen als Erstes die Zähne putzen. Danach die Zunge mit einem Zungenschaber von ihrem sondermüllähnlichen Belag befreien. Direkt danach 3–4 Blätter frisches Basilikum kauen.

  Es hilft gegen Kopfschmerzen und sorgt für eine erste geitige Klärung. Anschließend eine Tasse heißes Ingwerwasser trinken, um die Körperausscheidungen anzuregen.

- Zum Frühstück gibt es eine Entgiftungs-»Bloody Mary« (Rezept Seite 180) mit der Apfelsuppe mit Kardamom von Seite 103. Damit erhält der Körper die nötige Energie, Wärme und Vitamindosis. Außerdem wirkt der Kardamom mit seinen ätherischen Ölen sanft auf den Magen ein.

- Zum Mittagessen empfiehlt sich die Avocado-Mais-Cremesuppe (Seite 97). Sie wirkt nährend, ohne den Magen zu stark zu belasten.
- Als Getränk über den Tag rate ich zu heißem Wasser oder einem milden Kräutertee.
- Zum Abendessen zu einer Tasse frischem Chai (Seite 52) mit ein paar Chapatis (Seite 173), um für einen beruhigenden Tagesabschluss zu sorgen.
- Auch ein Gute-Nacht-Gebet kann helfen, in einen ruhigen Schlaf zu kommen!

Wer sich etwas mehr Zeit für die Entgiftung nehmen will, findet hier einige Tipps für ein Reinigungswochenende von Donnerstag bis Sonntag. Grundlage für das Wochenende bildet die Karotten-Mango-Suppe. Ergänzend kann man dazu etwas Naturreis mit getrockneten Pflaumen essen.

Karotten-Mango-Suppe
für 4 Personen

1 kg Karotten
4 Kartoffeln
1 Mango
1 EL gehackter frischer Ingwer
1 Stange fein gehacktes Zitronengras
1 EL Currypulver
1 EL edelsüßes Paprikapulver
1 Prise Chilipulver
1 Liter Gemüsebrühe
500 ml Karottensaft
3 EL Öl zum Anbraten
Salz und Pfeffer zum Abschmecken

- Karotten, Kartoffeln, Mango schälen, klein schneiden und zusammen mit dem Ingwer und den Gewürzen in Öl anbraten.
- Brühe, Saft, Zitronengras zufügen und 15 Minuten kochen lassen.
- Vor dem Servieren pürieren.

Beginn am Donnerstagabend:

- Beginn am Donnerstagabend: Zwei Tassen lauwarmes Wasser mit einem Esslöffel Honig trinken.
- Am Freitag zum Frühstück: Zwei Tassen Ingwertee mit etwas Zitrone. Das Wasser mindestens 10 Minuten kochen, dadurch verlängern sich die Molekülketten im Wasser, und es ähnelt so stärker dem körpereigenen Wasser. Dadurch beschleunigt sich der Reinigungsprozess.
- Mittagessen am Freitag: Ein Teller Suppe mit etwas Reis und Trockenfrüchten.
- Freitagabend: Zwei Tassen lauwarmes Wasser mit Honig.
- Am Samstag: Wie am Freitag, siehe oben.
- Am Sonntagmorgen: Wie am Freitagmorgen, siehe oben.
- Sonntagmittag: Wie am Freitag, plus einer Paste aus Trockenpflaumen:

8 Trockenpflaumen, entsteint und klein gehackt
1 TL frischer gehackter Ingwer
1 Prise Chilipulver
2 EL Olivenöl
2 TL Rohrzucker
1 TL Salz
Saft einer Zitrone

Alle Zutaten in einem Mörser zu einer Paste verarbeiten und teelöffelweise über den Tag verteilt zu sich nehmen. Diese Paste regt noch einmal die Verdauung an.

- Sonntagabend: Wie am Freitagabend.
- Am Montag darauf nur leichte Speisen zu sich nehmen, wie Suppen und gedünstetes Gemüse.

Für das ganze Wochenende gilt:

- Jeden Tag zwei Spaziergänge von mindestens 30 Minuten.
- Keine große körperliche Beanspruchung während der drei Tage.
- Wenn möglich, 1,5 Liter trinken. Am besten Ingwer- oder Honigwasser.
- Auf keinen Fall das natürliche Hungergefühl unterdrücken, sondern essen, wenn Hunger entsteht. Deshalb immer etwas warme Suppe auf dem Herd stehen haben.
- Vor jeder Mahlzeit in seinen eigenen Worten ein kurzes Dankgebet sprechen.
- Wenn möglich, auf Fernsehen verzichten, stattdessen hochwertige Literatur oder Meditationsbücher lesen.
- Nach dem Aufstehen und vor dem Einschlafen jeweils 5 Minuten meditieren.
- Keinem erzählen, dass man eine Reinigungskur macht.
- Nur von Fülle reden, nicht vom Mangel.
- Lächelnd – nicht leidend! – durch die Gegend laufen.

süß und erdend:

Desserts

Bilden normalerweise bei uns im Westen die Süßspeisen Abschluss einer Mahlzeit, können sie im Ayurveda durchaus auch zu Beginn einer Mahlzeit genossen werden. Mit Kohlenhydraten zu starten ist sinnvoll, da sie als erstes bereits im Mund durch den Speichel vorverdaut werden. Vor allem im Urlaub in großen Hotels kann diese Vorgehensweise sehr praktisch sein. Denn wenn sich alle auf den Salat stürzen, kann man so ganz entspannt mit einem leckeren Törtchen beginnen. Hier schließt sich der Kreis …

Crêpes mit dreierlei Füllung

Grundrezept für 6 Crêpes

2 Eier Größe M
70 g zerlassene Butter
100 g Mehl
200 ml Milch

- Alle Zutaten in einem hohen Gefäß mit dem Zauberstab mischen und 15 Minuten quellen lassen.
- Eine heiße Pfanne mit etwas Öl ausreiben.
- Mit einer kleinen Schöpfkelle den Teig in die Pfanne geben und die Pfanne schwenken, damit sich der Teig gleichmäßig verteilt.
- Nach 3 Minuten den Crêpe wenden und von der anderen Seite goldbraun backen.

Für Kapha mit Kirsch-Ingwer-Sauce

1 EL frischer Ingwer, gehackt
1 EL Ghee oder Sonnenblumenöl
400 g Schattenmorellen (Abtropfgewicht)
Saft einer Zitrone

- Den Ingwer in Ghee glasig dünsten.
- Die Kirschen samt Saft und den Zitronensaft zugeben und alles 10 Minuten auf mittlerer Hitze einkochen lassen.

Für Vata mit Orangen-Karotten-Sauce

1 Orange
1 Karotte
1 EL Ghee oder Sonnenblumenöl
1 TL mildes Currypulver
200 ml Orangensaft
1 EL Agavendicksaft
1 TL Rohrzucker
1 Prise Salz

- Die Orange schälen, die Filets auslösen und klein schneiden.
- Die Karotte schälen und mit der groben Seite der Küchenreibe raspeln.
- Die Karotte und die Orangen kurz in Ghee und Currypulver andünsten.
- Die übrigen Zutaten zugeben und 5 Minuten auf mittlerer Hitze einkochen lassen.

Für Pitta mit Birnen-Dattel-Chutney

1 Birne
10 Datteln, entsteint
1 TL Kreuzkümmel
1 EL Ghee
1 TL gehackter Ingwer
200 ml Birnensaft
3 EL Fruchtessig
2 TL Rohrzucker

- Die Birne waschen, entkernen und in Würfel schneiden.
- Die Datteln in Streifen schneiden.
- Den Kreuzkümmel in einer Pfanne ohne Fett 30 Sekunden anrösten.
- Das Ghee zugeben und den Ingwer darin glasig dünsten.
- Anschließend die übrigen Zutaten zugeben und unter Rühren 10 Minuten auf mittlerer Hitze einkochen lassen.

Zitronen-Orangen-Törtchen mit weißer Schokolade

2 unbehandelte Zitronen
2 unbehandelte Orangen
200 g weiße Schokolade
250 g Butter oder Margarine
100 g Zucker
4 Eier
200 ml Buttermilch
300 g Weizenmehl
200 g Kartoffelmehl
1 Tütchen Backpulver
1 Messerspitze Natron

- Die Schale von je einer Zitrone und einer Orange abreiben.
- Von der zweiten Zitrone und Orange mit einem Zestenreißer die Schalen abziehen. Die Zesten in etwas Wasser einlegen, damit sie nicht braun werden, und beiseitestellen.
- Danach alle Zitronen und Orangen auspressen und den Saft auffangen.
- 150 Gramm Schokolade über dem heißen Wasserbad schmelzen.
- Die Butter oder Margarine mit dem Zucker und den Eiern schaumig rühren.
- Danach die Buttermilch, den ausgepressten Saft, das Mehl mit Backpulver und Natron, den Schalenabrieb und die flüssige Schokolade zugeben und zu einem geschmeidigen Teig kneten.
- Den Teig in kleine Förmchen füllen und bei 180 °C 25 Minuten backen.
- Wenn die Törtchen ausgekühlt sind, die restliche Schokolade über dem Wasserbad schmelzen.
- Auf die Törtchen streichen und mit den Zesten bestreuen.

Himbeer-Mohn-Wan-Tans auf Früchtepüree und Zartbitter-Frischkäse-Creme

besonders fix

Für die Creme

50 g Zartbitter-Schokolade
200 g körniger Frischkäse (Hüttenkäse)
2 EL Honig
Mark von 2 Vanilleschoten

● Die Schokolade reiben und mit den restlichen Zutaten vermischen.

Für das Früchtepüree

250 g Früchte nach Wahl (z. B. gemischte Beeren)
1 grüner Chili, entkernt und klein gehackt
1 Prise Salz
1 EL Rohrzucker
Saft von einer Zitrone

● Alle Zutaten in einem hohen Gefäß pürieren.

Für die Wan-Tans

6 TL Mohn
6 TL Agavendicksaft
8 Wan-Tan-Teigplatten (im Asialaden meist tiefgekühlt quadratisch oder rund erhältlich)
100 g Himbeeren
2 EL Milch
Öl zum Frittieren

● Den Mohn und den Dicksaft vermischen.
● Jeweils einen guten Teelöffel der Masse in die Mitte einer Wan-Tan-Teigplatte setzen und eine Himbeere darauflegen.
● Die Teigränder mit der Milch bestreichen und den Teig zu einem Dreieck oder Halbkreis zusammenlegen. Die Ränder fest andrücken.
● Die Wan-Tans maximal 10 Sekunden im heißen Öl frittieren.
● Zum Anrichten zuerst die Creme in ein Glas geben, dann das Früchtepüree und darauf die Wan-Tans. Mit den restlichen Himbeeren dekorieren.

Mango-Honig-Mascarpone mit Curry-Zimt-Früchten

glutenfrei

1 Mango
250 g Mascarpone
150 g Vanillejoghurt
2 EL Honig

- Die Mango schälen, das Fruchtfleisch vom Kern schneiden und pürieren.
- Mit den restlichen Zutaten vermischen und in Gläser füllen.

Für die Curry-Zimt-Früchte

1 Birne
1 Apfel
2 Kiwis
1 EL Ghee
2 EL Rohrzucker
2 TL Zimt
1 EL Currypulver
50 ml Sojamilch

- Die Früchte schälen, die Kerngehäuse von Apfel und Birne entfernen, die Früchte in Stücke schneiden und in Ghee anbraten.
- Rohrzucker, Zimt, Curry und Sojamilch zugeben. Die Mischung 5 Minuten auf mittlerer Hitze köcheln lassen.
- Die Früchte in die Gläser auf die Creme geben.

Vegane Birnen-Zitronengras-Crêpes mit gerösteten Mandeln

laktosefrei

vegan

besonders fix

Für die Crêpes

300 ml Schoko-Sojamilch
150 g Dinkelmehl
1 Prise Salz

- Alle Zutaten in einem hohen Gefäß mit dem Zauberstab mischen und 20 Minuten quellen lassen.
- Eine Pfanne stark erhitzen und mit etwas Öl ausreiben.
- Nur eine kleine Kelle Teig hineingeben, durch Schwenken der Pfanne gleichmäßig verteilen und auf beiden Seiten goldgelb ausbacken.

Für die Füllung

100 g Cashewkerne
2 Birnen
2 unbehandelte Limetten
250 ml Birnensaft
2 Stangen Zitronengras, gehackt
2 EL Rohrzucker

- Die Cashews in einer Pfanne ohne Fett anrösten, dann hacken.
- Die Birnen schälen, entkernen und in Würfel schneiden.
- Die Limettenschalen abreiben und die Limetten anschließend auspressen.
- Den Birnensaft mit Zitronengras, Zucker und Limettensaft in einem kleinen Topf kurz aufkochen lassen.
- Die Birnen zugeben und bei kleinerer Hitze 15 Minuten einkochen lassen.
- Die Masse in die Crêpes einrollen und die Crêpes mit den Nüssen und Limettenschalen bestreuen.

Halber Bratapfel in einem Sud von roten Trauben, Kokosmilch, Wacholder und Sternanis

laktosefrei

vegan

glutenfrei

2 große Äpfel

Für den Sud

500 ml roter Traubensaft
500 ml Kokosmilch
2 Stangen Zimt
10 Wacholderbeeren
4 getrocknete Nelken
4 Stück Sternanis

Für die Füllung

6 getrocknete Feigen, gehackt
50 g Walnüsse, gehackt
1 Apfel, frisch gerieben
Saft einer Zitrone
Je 1 Prise Salz und Pfeffer

1 EL Zimt-Zucker-Mischung zum Bestreuen

- Die Äpfel waschen, schälen, halbieren und aushöhlen.
- Alle Zutaten für den Sud in einen Topf geben.
- Die Äpfel in den kalten Sud legen, aufkochen lassen, dann vom Herd nehmen und mindestens drei Stunden lang ziehen lassen.
- Inzwischen die Zutaten für die Füllung mischen und zu einer glatten Masse verarbeiten.
- Die Äpfel aus dem Sud nehmen, mit der Masse füllen, mit der Zimt-Zucker-Mischung bestreuen und bei 180 °C für 5 Minuten in den Backofen geben.
- Den Sud durch ein Sieb abgießen, in einem kleinen Topf erhitzen.
- Mit einer Schöpfkelle etwas von dem Sud in Suppenteller geben und die Bratäpfel hineinsetzen.

Mama Mehls veganer Apfel-Sesam-Kuchen

laktosefrei

vegan

50 g weißer Sesam
100 g Rohrzucker
200 g Margarine
400 g Mehl
1 Tütchen Backpulver
150 ml Hafermilch
250 g Apfelmus

- Den Sesam in einer Pfanne ohne Fett 5 Minuten anrösten.
- Den Zucker mit der Margarine schaumig rühren.
- Dann das Mehl, das Backpulver und die Hafermilch zugeben und in 5 Minuten zu einem geschmeidigen Teig verarbeiten.

TIPP: Der gleiche Grundteig kann als Donauwellen-Variation, mit Roter Grütze statt Apfelmus belegt, gebacken und nach dem Erkalten mit Sojasahne bestrichen werden.
Da Sojasahne aufgrund ihrer Konsistenz trotz eifrigen Schlagens nicht wirklich so wird wie Sahne, haben sich zwei Maßnahmen bewährt.
Die dreifache Menge an Sahnesteif verwenden, Vanillepudding unter die Sahne heben und die Masse anschließend für 15 Minuten ins Eisfach stellen. Dann eine Stunde in den normalen Kühlschrank stellen, bevor man sie aufträgt.

- Den Teig auf ein mit Backpapier ausgelegtes Blech streichen.
- Darauf das Apfelmus geben und mit dem Sesam bestreuen.
- Den Kuchen bei 180 °C 30 Minuten im Ofen backen.

Grießbällchen mit Schokofüllung auf lauwarmem Obstsalat

optional laktosefrei

optional vegan

besonders fix

1 EL Ghee (optional 2 EL Sonnenblumenöl)
100 g Weichweizengrieß
300 ml Milch (optional Soja-, Hafer- oder Reismilch)
1 TL Rohrzucker
1 Prise Salz
4 Stücke Schokolade je nach Vorliebe

- Das Ghee oder Sonnenblumenöl in einem Topf erhitzen. Den Grieß darin unter Rühren goldbraun anrösten.
- Den Topf vom Herd ziehen und den Herd ausschalten. Unter ständigem Rühren Milch, Zucker und Salz zugeben. Vorsicht beim Zugeben der Milch, kalte Milch spritzt stark!
- Den Topf zurück auf den Herd stellen und die Mischung ziehen lassen, bis der Grieß anfängt einzudicken.
- Wenn der Grieß nicht mehr so heiß ist, 4 Bällchen aus ihm formen, in die Mitte jeweils ein Stück Schokolade geben und auf einen ofenfesten Teller legen.
- Bei 180 °C für 3 bis 4 Minuten in den Backofen stellen.

Für den Obstsalat

Alles, was der Obstkorb an Resten hergibt, z. B. Äpfel, Bananen, Kiwi, Birnen, Ananas etc.
1 EL Sonnenblumenöl
Saft einer Zitrone

- Das Obst klein schneiden, 3 Minuten leicht im Öl anbraten und mit dem Zitronensaft beträufeln.
- Die Grießbällchen auf dem Obstsalat anrichten.

Vegane Apfel-Nuss-Schnecken

laktosefrei

vegan

Teig für ca. 10 bis 12 Schnecken

25 g Frischhefe
150 ml lauwarme Hafermilch
400 g Dinkelmehl
50 ml Sonnenblumenöl
1 EL Agavendicksaft
1 Prise Salz

Für die Füllung

2 Äpfel
100 g Walnüsse (oder Mohn)
Saft einer Zitrone

Für die Glasur

2 EL Aprikosenmarmelade
1 EL Wasser

- Die Hefe in der Hafermilch auflösen.
- Alle Zutaten für den Teig mit dem Rührgerät in 10 Minuten zu einem geschmeidigen Teig verarbeiten.
- Für die Füllung die Äpfel mitsamt der Schale auf der groben Seite der Küchenreibe reiben und mit dem Zitronensaft vermischen.
- Die Walnüsse in einer Pfanne ohne Fett anrösten, hacken und mit der Apfelmasse vermischen.
- Den Teig großflächig ausrollen, mit der Masse bestreichen und einrollen.
- Aus der Rolle fingerdicke Scheiben schneiden und auf ein mit Backpapier ausgelegtes Backblech geben.
- Die Teigschnecken an einem warmen Ort 30 Minuten gehen lassen.
- Dann bei 190 °C im Backofen in 20 Minuten goldbraun backen.
- Für die Glasur die Aprikosenmarmelade zusammen mit dem Wasser in eine Tasse geben, 3 Minuten in einen kleinen Topf mit heißem Wasser stellen.
- Dann mit einem Backpinsel auf die noch warmen Schnecken streichen.

Kaiserschmarr'n

Basic-Rezept für 4 Portionen

4 Eier
2 EL Zucker
1 Prise Salz
150 g Mehl
400 ml Milch
1 EL Butter
Puderzucker zum Bestreuen

- Eier, Zucker und Salz in einer Schüssel schaumig rühren, bis die Masse cremig und hellgelb wird.
- Nach und nach die Milch und das Mehl unterrühren.
- Die Butter in einer Pfanne erhitzen, den Teig zugeben und bei mittlerer Hitze backen, bis die Unterseite gebräunt ist.
- Den Teig wenden und backen, bis auch die andere Seite eine gleichmäßig goldbraune Farbe hat.
- Zum Schluss mit einem Holzlöffel in der Pfanne zerreißen, auf einen Teller geben und mit Puderzucker bestreuen.

Von Wurzeln und Höhenflügen

Viele von uns kennen dieses Gefühl: Wenn man auf dem Land unterwegs ist, weicht die Lust auf Sushi und Thai-Curry einer unbestimmten Sehnsucht nach lokalen, »bodenständigen« Spezialitäten. Sie erinnern uns an liebevolle Zuwendung, die wir in der Kindheit erfahren haben, an die Region, in der wir aufgewachsen sind und mit der wir uns verbunden fühlen. Auf der Suche nach dieser gar nicht verlorenen Zeit machten wir uns auf Streifzüge durch Bayern, Südtirol und in unsere gemeinsame Heimat Hessen. Stichwort »Identität«: Diese kann man auch schmecken.

Bayurveda

Auf unserer Fahrt zum Gasthof »Walchstädter Höh« in Icking nahe des Starnberger Sees formten sich Bilder würziger Aufstriche, duftender Bratkartoffeln, frisch gebackenen Brotes und seines flüssigen Pendants.
Und so beglückten wir die Stammgäste der zauberhaften Wirtschaft mit einem ayurvedisch-bayerischen Menüvorschlag, der durchaus den einen oder anderen Gast von den parallel stattfindenden »Wildwochen« ablenken konnte. »Mal was Anderes«, lautete die einhellige Meinung – und für viele etwas Bleibendes. Denn im Zusammenhang mit Ayurveda erhält ein traditionelles bayerisches Sprichwort eine ganz neue Bedeutung: »Essen und Trinken hält Leib und Seele zusammen.«

Mit ländlichen Regionen verbinden wir Stabilität und Verwurzelung. Per definitionem nimmt eine Wurzel in erster Linie Wasser mit den darin gelösten Mineralstoffen auf und befestigt die Pflanze an ihrem Standort. Somit ist die Wurzel sowohl Lebensader wie auch Anker einer Pflanze. Ohne sie wäre die Pflanze nicht überlebensfähig. Sie würde austrocknen, und der erste Windhauch würde sie ihrer Umgebung entreißen. Doch nicht nur Pflanzen brauchen zum Überleben Wurzeln. Auch wir Menschen brauchen als Teil der Natur feste Verbindungen und eine stetige Versorgung mit Energie. Aus unseren Beziehungen zu vertrauten Menschen, Orten und Prinzipien schöpfen wir Halt und Orientierung.

Die Frage nach unserem Ursprung, unseren Wurzeln, ist so alt wie die Menschheit selbst. Tief in uns spüren wir eine Sehnsucht nach Verbundenheit, nach Liebe und Zugehörigkeit. Genau aus diesem Grund sind beispielsweise auch im Yoga Übungen mit erdendem, verbindendem Charakter besonders wichtig. Erst wenn ich auf einem soliden Fundament stehe, kann ich in die Höhe wachsen. Es ist wie in der Natur: Bäume mit starken Wurzeln und flexibler Krone haben die größten Chancen, auch die stärksten Stürme zu überstehen.

Starke Wurzeln, bodenständiger Charme und flexible Höhenflüge: Wenn wir diese Qualitäten auf deutsche Regionen übertragen, landen wir meist mitten in Bayern – nicht nur wegen König Ludwig und dem FC Bayern. Im Süden Deutschlands spielt die Brotzeit eine wichtige Rolle: Menschen treffen sich, um am großen Tisch eine einfache, erdverbundene Mahlzeit mit besten Zutaten aus der Region zu genießen.
Kurze Transportwege der Nahrungsmittel, bevorzugte Wahl von frischen, einheimischen Zutaten und ein traditioneller Bezug zu den Gerichten ist ein Kennzeichen der »Wissenschaft vom Leben« – nicht nur in Indien. (Küchen-)Weisheiten unserer Mütter und Großmütter weisen oft überraschende Parallelen zu dieser vermeintlich exotischen Geheimlehre auf.
Die bekannteste kulinarische Leistung Bayerns ist bekanntlich das Bier, in seiner Reinheit und Reichhaltigkeit durchaus ayurvedischen Prinzipien verpflichtet. Sein Bestandteil Hopfen verkörpert die Geschmacksrichtung herb/bitter und regt die Produktion des Magensaftes an. Er wirkt antibakteriell, beruhigend, löst Angstzustände und Migräne.
Alkohol kann im Ayurveda in Maßen genossen werden, frei nach dem Paracelsus-Motto: »Die Dosis macht das Gift.« Durch die Fermentation können die Inhaltsstoffe der beteiligten Kräuter (in diesem Fall Hopfen) besser vom Körper aufgenommen werden. Im Gasthof »Walchstädter Höh« bot die Verbindung des jahrtausendealten Ayurveda mit Lederhosen, Dirndl und frisch Gebrautem jedenfalls interessante Synergien, und das nicht nur in der Küche!

Back dich glücklich

An der geografischen und politischen Schwelle zwischen Österreich und Italien spielt die Identität eine wichtige Rolle. In Südtirol treffen wir auf eine majestätische Landschaft, urige, jahrhundertealte Bauernhöfe und eine regionale Küche, die sich durch einige unverwechselbare regionale Zutaten wie die berühmten Südtiroler Äpfel auszeichnet. Fast fünf Monate dauert hier der Winter, begleitet von Schneemassen, aus denen wir uns – auch, aber nicht nur symbolisch – täglich freischaufeln müssen. Die Täler im Ahrntal sind teilweise eng und schmal – nicht jedoch die Mentalität der Einheimischen. Sie leben in einer übersichtlichen Welt, und sie leben intensiv und bewusst. In der Konditorei Christian in St. Johann verblüfft uns der Chef mit seiner Offenheit gegenüber veganer Bäckerei, für die sich im Übrigen auch meine Mutter mehr und mehr erwärmen kann (Rezept siehe Seite 201).

Natur pur: Der ayurvedische Bergbauer Franz

»Wer rastet, der rostet« ist das Mantra des Südtiroler Bergbauern und Hüttenwirts Franz Hofer. Das ist bei dem jugendlich wirkenden 50-Jährigen kein Klischee: Seit seiner Kindheit hilft Hofer bei der Bewirtschaftung der rustikalen Gaststätte auf der majestätischen, auf 1600 Meter gelegenen Prastmannalm, auf der auch Teile dieses Buches entstanden sind. Seit einem Jahr-

hundert befindet sich die Hütte in Familienbesitz. In ihrem Umfeld betrieben die Bewohner des Ahrntals bis in die 1960er Jahre Selbstversorgung mit allem, was das Land hergab: Roggen, Gerste, Sommer- und Wintergemüse, Kartoffeln, Kraut und einheimisches Obst – also Ayurveda pur. »Essen bereitzustellen bedeutete früher viel Arbeit und wurde ganz anders wertgeschätzt als heute«, erzählt Franz Hofer. Die traditionellen Gerichte, die er auf der Prastmannalm anbietet, habe er »im Gefühl, nicht auf Papier«.

Auch heute noch sind die Einkaufs- und damit Auswahlmöglichkeiten im etwas entlegenen Ahrntal beschränkt. Nicht nur deshalb kocht Franz bodenständig. Die kleine Gewürzdose Curry in seinem Regal sei für die Gäste, die Currywurst verlangen. Meine vegane Variation der typischen Südtiroler

Käseknödel beäugt er zwar nicht skeptisch, aber leicht ironisch: »Ach, diese angeblichen Milchallergien … alles Einbildung …« Mit einem guten Glas Südtiroler Rotwein schmeckten sie anschließend auch ihm hervorragend. Und auf Kaiserschmarr'n kann man sich auch über jegliche kulturellen Grenzen hinweg einigen (Rezepte siehe Seite 204).

Grüne Heimat

Sieben alte Küchenkräuter für Ihre Gesundheit

Die Frankfurter Grüne Sauce ist mindestens so traditionell wie Kräuterzubereitungen aus dem ursprünglichen Ayurveda: Als Hesse komme ich natürlich nicht um unsere vermutlich weltbekannte »Grie Soß'« herum. Neben dem »Äppelwoi«, d. h. Apfelwein (zur ayurvedischen Wirkung des Alkohols siehe den Exkurs zum bayerischen Bier, Seite 207), und der Frankfurter Eintracht ist dieser schmackhafte Dip einer der großen hessischen Beiträge zur Weltkultur – auch wenn die Rezeptur im Orient entstand und vor etwa 2000 Jahren von den Römern direkt nach Frankfurt gebracht wurde. Traditionell besteht die »Grie Soß'« aus sieben verschiedenen Heilkräutern, auf deren therapeutische Wirkung ich hier gerne eingehen möchte.

Borretsch

Aufgrund seiner geschmacklichen Nähe zur Gurke wird der Borretsch umgangssprachlich auch »Gurkenkraut« genannt. Als Heilpflanze kam er über Kleinasien nach Europa. Traditionell wird er gegen Herzschwäche, Verdauungsprobleme und Melancholie verwendet – also ein natürlicher Glücklichmacher ohne schädliche Nebenwirkungen. Äußerlich wird er bei Ausschlägen, Eiterbeulen oder schlecht heilenden Wunden angewandt.

Kerbel

Die feinen Blätter des Kerbels schmecken wie eine Mischung aus Anis und Petersilie. Außer seinem feinen Aroma ist der Kerbel bekannt für seine Heilwirkung bei Kopfschmerzen und Gedächtnisstörungen. Also nie wieder vergessene Hochzeitstage, meine Herren! Am besten verwendet man ihn frisch, denn in getrockneter Form verliert er deutlich an Aroma.

Kresse

Für den scharf-würzigen Geschmack der Kresse ist vor allem ein Inhaltsstoff verantwortlich, die sogenannten Senfölglykoside. Unter anderem macht dieser Inhaltsstoff Kresse zu einem der besten natürlichen Krebshemmer. In Studien konnte belegt werden, dass der Verzehr von Gemüse aus der Familie der Kreuzblütler – darunter Kresse, Kohl und Brokkoli – das Krebsrisiko erheblich senken kann. Neben einer hohen Schutzfunktion gegenüber Krebszellen enthalten Kreuzblütler auch Inhaltsstoffe, die Krebszellen wieder zur programmierten Selbstzerstörung bringen, obwohl dieser natürliche Schutz des Körpers gegen entartete Zellen bei vielen Krebszellen außer Kraft gesetzt ist. Daneben enthält die Kresse Vitamin B, Vitamin C, Eisen, Folsäure und Kalzium. Das macht die Kresse zu einem sehr gesunden Genuss, vor allem im Winterhalbjahr, wenn es sonst nicht viel frisches Grün gibt.

Petersilie

Die Petersilie ist wohl das bekannteste Kraut der deutschen Küche. Man findet sie in den meisten Küchengärten, sowohl mit glatten als auch mit den dekorativen krausen Blättern. Sie wirkt allgemein belebend, hat einen hohen Vitamin-C-Gehalt und hilft gegen Frühjahrsmüdigkeit, Verdauungsprobleme, Gicht, Rheuma und alle Erkrankungen im Nieren- und Blasenbereich.
Eine besonders intensive Wirkung hat Petersilie auf die weiblichen Fortpflanzungsorgane. Sie fördert die Menstruation, lindert Menstruationsbeschwerden und wurde traditionell benutzt, um Wehen auszulösen. Aus diesem Grund sollten Schwangere keine allzu großen Mengen davon konsumieren.

Pimpernelle

Da die Pimpernelle oder Pimpinelle pflegeleicht ist, sich selbstständig vermehrt und Jahr für Jahr wiederkommt, bleibt sie auch in den Gärten, wenn viele andere Pflanzen schon nicht mehr dort wachsen. Selbst in milden Wintermonaten sind die Blätter der Pimpernelle grün und können geerntet werden. Therapeutisch ist das Kraut für seine zusammenziehende, milchbildende und blutstillende Wirkung bekannt. Daneben kann man es als schweißtreibendes Mittel bei Fieber, Leberschwäche, Nierensteinen und Frühjahrsmüdigkeit einsetzen.

Sauerampfer

Er kommt reichlich auf feuchten Wiesen und unter Gebüschen vor. Typisch sind seine großen lanzettartigen Blätter und sein säuerlicher Geschmack. Er enthält viel Vitamin C, erfrischt und vertreibt die Frühjahrsmüdigkeit. Als Tee getrunken, hilft getrockneter Sauerampfer bei Verdauungs- und Magenproblemen. Man sollte jedoch nicht zu viel Sauerampfer verwenden, da die in ihm enthaltene Oxalsäure und seine Alkalisalze in großen Mengen giftig wirken können.

Schnittlauch

Wie viele andere Kräuter mit hohem Vitamin-C-Gehalt wirkt Schnittlauch belebend und hilft bei körperlicher Niedergeschlagenheit. Seine milde, aromatische Schärfe wirkt außerdem gegen Appetitlosigkeit, Blähungen, Darmentzündung, Frühjahrsmüdigkeit, Gicht und Husten.

Rezeptvorschläge

- Obazda ▶ Seite 83
- Ziegenfrischkäse-Ciabatta mit gerösteten Pinienkernen ▶ Seite 65
- Pakoras, dazu Bratkartoffeln mit Rosenkohl und warmes Johannisbeer-Apfel-Chutney ▶ Seite 148
- Dattel-Pinienkern-Bällchen mit Mozzarella und Rucola-Basilikum-Pesto ▶ Seite 82

Was bleibt

Was im April 2008 auf einer Bank vor der Prastmannalm in Südtirol mit Blick auf Dreitausender begonnen hat, findet nun seinen Abschluss in einem Café in Wuppertal mit Blick zur Schwebebahn.
Für mich persönlich war die Möglichkeit, dieses Buch zu schreiben, die Erfüllung eines Traums. Bei aller Bescheidenheit und der aus dem Yoga bekannten Idee des sich auflösenden Egos hatte ich schon lange den Wunsch, etwas Bleibendes zu hinterlassen. Malen und Singen fällt bei mir mit Rücksicht auf das Allgemeinwohl aus, daher kam mir 2008 beim Joggen im Wald die Idee für ein Buch. Natürlich hatte ich keine Ahnung, wie man so etwas anstellt. Also habe ich einfach angefangen zu schreiben und habe gleichzeitig verschiedene Verlage über meine Idee informiert. Tatsächlich hat auch relativ zügig ein großer Verlag aus München reagiert, und es kam sogar zu einem Gespräch. Das war im Sommer 2008. Auf den Anruf warte ich heute noch. Aber egal, ich habe die Nummer erst einmal wieder abgehakt, und die Idee war nur noch eine Datei auf meinem Rechner. Im Sommer 2010 war es dann so weit. Eine gewisse Frau Vrablecova vom Verlag Random House in München schrieb mich an, ob ich nicht Lust hätte, ein Buchprojekt zu realisieren: Sie sei im Rahmen einer Recherche zu einem Yogabuch auf mich gestoßen. Ich habe die E-Mail ein zweites Mal gelesen, ein drittes Mal, und es war immer noch derselbe Text. Ich hatte tatsächlich das Angebot bekommen, ein Buch zu schreiben.
Ein Angebot zu bekommen ist eine Sache, konkret ein Buch zu schreiben noch einmal etwas ganz anderes. Da ich bis dahin noch nie ein Buch geschrieben hatte, sondern nur Artikel für Magazine und Online-Portale, war mir sehr schnell klar, dass ich mir für dieses Projekt Unterstützung hole. Hier kam Christina Raftery ins Spiel. Wir haben uns im Mai 2008 auf einem Yoga-Retreat mit Gaby Haiber auf Ibiza kennengelernt. Zu dem Zeitpunkt war sie Chefredakteurin des neu entstandenen deutschen *Yoga Journals* und suchte noch Leute, die Lust hatten, Artikel zu schreiben. Das war die Geburtsstunde meiner Rubrik »Ayurveda to go« im *Yoga Journal*. Da wir über die Zeit sehr gut zusammengearbeitet haben und Christina meine Art zu schreiben kannte, war ich mir sicher, dass sie die richtige Co-Autorin ist. So konnte ich sie an einem lauen Sommerabend während des Münchner Filmfests bei einem kühlen Bier für unser Buchprojekt gewinnen.
Mittlerweile gibt es ja diverse Bücher mit der These »Wünsch dir dein Glück und es kommt von selbst«. Viel passender finde ich den schönen Satz aus dem Buddhismus: »Auf Wegen, die man im Kopf schon mal gegangen ist, kann man sich nicht mehr verlaufen.« Dieser Satz fordert deutlich eigenes Engagement ein. Ich muss den Weg immer und immer wieder gehen, bis ich sicher ans Ziel komme. Vom Wünschen allein passiert gar nichts, nur eigene Aktivität bringt uns weiter.

»Dem Gehenden schiebt sich der Weg unter die Füße.«

Martin Walser

Dieses Buch zu schreiben hat mir auf jeden Fall eine ganze Menge Aktivität beschert: Von November 2010 bis April 2011 Umzüge von München nach Berlin und Wuppertal. Private und emotionale Katastrophen, aber auch noch nie erlebte Glücksmomente. Fünf Tage mit jeweils 10–12 Stunden im Fotostudio für die Rezeptbilder, fast ohne Tageslicht. Tage, an denen ich so viel Zeug durcheinandergegessen habe wie noch nie zuvor in meinem Leben. Wunderbare Begegnungen, tolle Gespräche, unvergessliche Momente. Das ganze Spektrum, das einem das Leben emotional so bieten kann.
Im Kapitel über das Glück habe ich geschrieben, dass Glück vom Wortursprung auch »die Art, wie etwas endet« bedeuten kann. Für mich enden hier die Reise und die Sehnsucht nach einem Buch. Ich bin angetreten mit der Intention, so viel zu Papier zu bringen und so viel Herzblut hineinzulegen, dass mit diesem Buchprojekt meine Autorenkarriere theoretisch auch wieder beendet ist. Alles, was ich weiß, alles, was mir wichtig ist, meine tiefsten inneren Überzeugungen – all das befindet sich hier, zwischen diesen zwei Buchdeckeln.
Eine Bitte habe ich noch zum Schluss: Nehmen Sie dieses Buch als Anregung, nicht nur bei sich selber zu bleiben! Nutzen Sie die Chance zu erfahren, wie sich Glück multipliziert, wenn Sie es teilen, wenn es durch Sie durchfließt.
Laden Sie wieder einmal jemanden zum Essen ein. Vielleicht doch nicht nur die üblichen Verdächtigen. Sondern die alte Dame von nebenan, die jeden Abend alleine am Tisch sitzt, Ihre Nachbarn, Ihren Tankwart, die Verkäuferin an der Supermarktkasse. Spendieren Sie einen Pott Suppe an Obdachlose, schauen Sie nach sozialen Projekten in Ihrer nächsten Umgebung. Backen Sie einen Kuchen, und verschenken Sie ihn auf der Straße. Einfach so, probieren Sie es aus, und schauen Sie, was es mit Ihnen anstellt. Wo die Scheu endet, beginnt das Glück!
Wenn Sie so etwas tun, lassen Sie es mich wissen! Schreiben Sie mir eine E-Mail an info@volker-mehl.de. Wenn ich in der Nähe bin, komme ich vorbei und erlebe gerne mit, wenn Sie andere glücklich kochen. Oder schicken Sie mir die Bilder für meine Website!

Meine Reise ist am Ziel.
Ich bin glücklich!

P.S.
Du musst weder Mediziner noch Meditations-Guru oder Inder sein, um Ayurveda in deinen Alltag integrieren zu können. Auch ich bin weder das eine noch das andere. Ayurveda macht es dir sehr leicht – als eine Lehre mitten aus dem Leben berücksichtigt sie auch eine gewisse Trägheit der menschlichen Natur. Ayurveda ist auf faszinierende Weise ein Weg der kleinen Schritte. Wichtiger, als etwas erreichen zu wollen, ist, ihn überhaupt zu gehen.
Viel Glück dabei!

Nachwort

Ayurveda und Yoga gehen seit vielen tausend Jahren Hand in Hand. Ziel beider ist ein gesunder Körper mit einem ruhigen, klaren Verstand. Die direkteste Methode zur Herbeiführung positiver Veränderungen im Körper ist eine bewusste Ernährung. Mir persönlich erscheint die Kombination von Yoga und vegetarisch-ayurvedischer Ernährung ideal. Eine vegetarische Lebensform gehört für viele Yogis aufgrund der Philosophie dazu, ist aber nicht zwingend vorgeschrieben. Basierend auf dem Grundgedanken »Alles ist Eins« ist es jedoch nur konsequent, nichts und niemanden töten und essen zu wollen und so wenig Schaden in der Welt anzurichten wie möglich. Außerdem führt diese Kombination am schnellsten zur Befreiung der Lebenskraft.

Yoga zielt auf eine tiefe Intimität mit dem Körper. Ist diese enge Beziehung einmal hergestellt, dann kann man keinen »Müll« mehr zu sich nehmen. Nahrung ist der Grundbaustein unseres Organismus. Gleichzeitig ist Nahrung ein kraftvoller Träger von Energie. Eine pflanzliche Nahrung enthält diese Energie in der reinsten Form, und diese wird mit der eigenen Lebenskraft beim Kochen vermischt. Wachstum und Transformation werden möglich. In der zubereiteten Nahrung kann man die Energie des Kochs spüren. Und seit meiner ersten Mahlzeit mit Volker auf einer Yogakonferenz in Österreich wusste ich, dass mir diese Energie guttut. Gerade als ich in den letzten Jahren aufgrund einer Krebserkrankung noch gezielter auf meine Ernährung achten musste, konnte ich in hohem Maße von der heilsamen Wirkung der Mehlschen Küche profitieren. Mittlerweile sind wir enge Freunde geworden, und selbst ich habe gelernt, einige einfache Speisen selbstständig zuzubereiten. Durch frische vegetarisch-ayurvedische Nahrung heilen wir erst uns und dann den Planeten. Dies gilt umso mehr, als die Zerstörung nicht mehr allein Menschen betrifft, sondern unseren Planeten als Ganzes.

Es ist dringend notwendig, dass jeder Mensch die Verantwortung für seine Entscheidungen und sein Handeln wahrnimmt. Als Vegetarier fügen wir uns selbst, den Tieren und unserem Planeten den geringsten Schaden zu.

Dr. Patrick Broome

Yogi und Diplompsychologe

Dank

Danke sagen möchten wir allen, die uns auf dem Weg zu diesem Buch begleitet und unterstützt haben. Einigen aber ganz besonders:
Silvia Vrablecova, Andrea Löhndorf, Nela König und ihrem Assistenten Andreas, Stefan Auth, Michaela Auer, Chris Herbst, Markus Werner, Alexander Nedelchev, Arno Kammermeier, Evi Sachenbacher-Stehle plus Familie, Franz Hofer und Christian Breitenberger plus Familien, Sybille Herb plus Familie, Christa und Albert Adams, Holger Brink.

Volker

Meinen Eltern, Patrick, Franziska und Jimmy Broome, Uli Gabler, Uta Golz, Stefan Herzog, Sylvia Hetzel, Birgit Hortig, Alexandra Leis, Herby Matern, Brigitte Stapp-Bretsch, Harald Wohlfahrt, Klaus Wolff.

Christina

Andrea Klasterer, den Kindern, Eltern und dem Team des Auer Kindernests, Christina Häußler und Jan Schwarzkamp, Susanne Zöchling, Tina Kempfle, Gaby Haiber, Diana Krebs und Annette Söhnlein.
Vor allem meinen Eltern, meinem Mann Stefan und meiner Tochter Alice. Von ihr hatte ich die exakt neun Monate vom Buchangebot bis zur Manuskriptabgabe nur eine vage Vorstellung. Nun lerne ich jeden Tag von ihr, was Glück wirklich heißt.

Locations

Auer Kindernest, München
www.auer-kindernest.de
Sushi & Soul, München
www.sushi-soul.de
Gasthof Walchstädter Höh, Icking
www.walchstaedter-hoeh.de
Café Slörm, Berlin
www.sloerm.net
Flughafen München
www.munich-airport.de

Mitwirkende

Nicky Sitaram Sabnis
www.laxmifoods.de
Evi Sachenbacher-Stehle
www.evi-sachenbacher.de
Petra Merkel
www.petra-merkel.de
Booka Shade
www.bookashade.com

Die Autoren

Volker Mehl, 1976 geboren, ist ein junger, weltweit reisender Ayurvedakoch aus Hessen. Seit über zehn Jahren beschäftigt er sich mit ganzheitlichen Heilmethoden, 2006 absolvierte er eine Ausbildung zum Gesundheitsberater. Nach einem Praktikum bei 3-Sternekoch Harald Wohlfahrt gründete er das Label *»Koch dich glücklich«*. Für *Radio Lora* in München moderierte er drei Jahre lang seine eigene *Ayurveda live Kochshow*. Heute leitet Volker Mehl Kochkurse und Workshops in ganz Deutschland, berät renommierte Hotel- und Gastronomiebetriebe im In- und Ausland und engagiert sich für soziale Projekte, wo Kinder lernen, wie man gesund kocht und isst. Als freier Autor schreibt er unter anderem für *Yoga Journal, Pilates Magazin, Shape* sowie die Portale *kochrezept.de* und *netzathleten.de*. Volker Mehl lebt in Wuppertal. Weitere Informationen: *www.volker-mehl.de*

Christina Raftery, Jahrgang 1972, Tochter eines Iren und einer Österreicherin, hat ihre Wurzeln ebenfalls in Hessen. Während ihres Studiums der Skandinavistik, Anglistik und Amerikanischen Kulturgeschichte härtete sie sich durch Praktika in diversen Lokalredaktionen für ihren Traumberuf Journalistin ab. Engagierte Berichte über Kaninchenzuchtvereine und Gemeinderatssitzungen lohnten sich, ebenso die Leidenschaft für das Kino: Ihr Weg führt sie zu RTL II, zur Bayerischen Filmförderung und schließlich in die journalistische Selbstständigkeit. Ausgleich zum Beruf bietet ihr eine regelmäßige Yogapraxis. Ihre Überzeugung, dass Yoga nicht am Rande, sondern in der Mitte des Lebens stattfindet, konnte sie von 2008 bis 2010 als Chefredakteurin des deutschen *Yoga Journals* umsetzen. Christina Raftery arbeitet heute als freie Journalistin, Autorin und Übersetzerin in München.

Rezeptregister

Zutatenregister

Bildnachweis

Michaela Auer: Seite 43, 45, 46, 49, 52, 53, 78, 81, 85, 86, 90, 95, 96, 99, 100, 105, 109, 112, 115, 116, 123, 124, 127–130, 132, 135, 137, 141–145, 147, 151, 153, 155, 158, 159, 161, 178, 192, 195, 197
Stefan Auth (www.alamy.com): Seite 4 (2.u.3.v.l.), 8, 10, 11, 13, 14, 22 (o.), 119, 138, 163–165, 190 (2.v.l.), 201, 203, 204, 208, 209, 222, Vorsatz und Nachsatz
Holger Brink: Seite 29 (o.), 30 (2.v.o.), 33–37, 76 (1.v.l.), 77 (1.2.u.3.v.r.), 87, 88 (2.v.l.), 103, 110, 169(r.), 171, 186–189 (HG), 198, 205, 210, 217 (l.), 223, Vorsatz
Chris Davison: Seite 182–185 (HG)
Deutscher Bundestag/Lichtblick/Achim Melde: Seite 59
FMG/Dr. Werner Hennies: Seite 70–75 (HG)
Nela König (www.nelakoenig.com): Seite 2, 4 (1.v.l.), 5 (1.v.r.), 7, 9, 12, 15–17, 18 (o.), 20, 21, 22 (u.), 23, 28, 29 (2.u.3.v.o.), 30 (1.v.o.), 31, 38, 40, 41, 50, 51, 61 (1.u.2.v.r.), 76 (2.v.l.), 80, 88 (1.v.l.), 89 (1.2.3.v.r.), 92, 98, 104, 106, 107, 108, 111, 120, 121, 134, 149 (2xu.), 157, 166–170, 172, 174, 176, 177, 180, 184, 186, 190 (1.v.l.), 191 (1.2.3.v.r.), Vorsatz und Nachsatz
Privat: Seite 55, 57
Shutterstock: Seite 24 (2.v.l.), 25 (1.v.r.)
Markus Werner (www.markuswernerphotography.com): Seite 5 (2.v.r.), 18 (u.), 60 (1.u.2.v.l.), 62–64, 66, 67, 69, 73, 82, 149 (o.), 200, 206–207, 217 (r.), 223, Vorsatz und Nachsatz
Verlagsarchiv: Seite 24 (1.u.3.v.l.), 25 (2.v.r.), 30 (u.)
Melanie Vogel: Seite 60 (3.v.r.), 65

MIX
Papier aus verantwortungsvollen Quellen
FSC® C084279

Verlagsgruppe Random House FSC-DEU-0100
Das für dieses Buch verwendete FSC®-zertifizierte Papier *Tauro* liefert Papier Union.

1. Auflage
Originalausgabe

in der Verlagsgruppe Random House GmbH
Umschlaggestaltung: Weiss Werkstatt München
Umschlagfotos: © Nela König, © Holger Brink, © shutterstock
Lektorat: Silvia Rehder
Satz: Barbara Rabus
Reproarbeiten: Lorenz & Zeller, Inning a. A.
Druck und Bindung: Print Consult
Printed in Czech Republic
ISBN 978-3-424-63038-1

www.kailash-verlag.de

Küchenmeister
KARTOFFEL
MEHL
ST. PAULI